C000261808

Get started in Latin American Spanish

Juan Kattán-Ibarra

Advisory editor
Bruno Paul

For UK order enquiries: please contact Bookpoint Ltd, 130 Milton Park, Abingdon, Oxon OX14 4SB. *Telephone: +44 (0) 1235 827720. Fax: +44 (0) 1235 400454.* Lines are open 09.00–17.00, Monday to Saturday, with a 24-hour message answering service. Details about our titles and how to order are available at www.teachyourself.co.uk

For USA order enquiries: please contact McGraw-Hill Customer Services, PO Box 545, Blacklick, OH 43004-0545, USA. *Telephone: 1-800-722-4726. Fax: 1-614-755-5645.*

For Canada order enquiries: please contact McGraw-Hill Ryerson Ltd, 300 Water St, Whitby, Ontario L1N 9B6, Canada. *Telephone: 905 430 5000. Fax: 905 430 5020.*

Long renowned as the authoritative source for self-guided learning – with more than 50 million copies sold worldwide – the *teach yourself* series includes over 500 titles in the fields of languages, crafts, hobbies, business, computing and education.

British Library Cataloguing in Publication Data: a catalogue record for this title is available from the British Library.

Library of Congress Catalog Card Number: on file.

First published in UK 2012 by Hodder Education, part of Hachette Livre UK, 338 Euston Road, London, NW1 3BH.

First published in US 2012 by The McGraw-Hill Companies, Inc.

The *Teach Yourself* name is a registered trade mark of Hodder Headline.

Copyright © 2012 Juan Kattán-Ibarra

Typeset by Integra Software Services Pvt. Ltd., Pondicherry, India

Illustrated by Barking Dog Art, Sally Elford, Peter Lubach.

Printed and bound in Great Britain by Clays Ltd, Elcograf S.p.A

The publisher has used its best endeavours to ensure that the URLs for external websites referred to in this book are correct and active at the time of going to press. However, the publisher and the author have no responsibility for the websites and can make no guarantee that a site will remain live or that the content will remain relevant, decent or appropriate.

Hachette Livre UK's policy is to use papers that are natural, renewable and recyclable products and made from wood grown in sustainable forests. The logging and manufacturing processes are expected to conform to the environmental regulations of the country of origin.

Impression number	10 9 8 7 6 5 4 3 2
Year	2019

Contents

Meet the author

My first Spanish course was published in London in 1978, in a writing career which has lasted until today. I have written, or co-written, courses in the *Teach Yourself* series, including *Complete Spanish, Complete Latin American Spanish, Perfect your Spanish, Essential Spanish Grammar, Get Talking Spanish, Keep Talking Spanish,* and courses for other publishers, including the BBC and McGraw-Hill. I am now a full-time author, and very much look forward to being your guide in the journey you are about to begin into Latin American Spanish.

¡Vamos! *Let's go!*

Juan Kattán-Ibarra

Introduction

Welcome to *Get Started in Latin American Spanish*! This new course has been designed for complete beginners as well as those who, having done a general Spanish course, now wish to learn the language used in Spanish-speaking Latin America.

Although the book has been written especially for people studying on their own, the material, exercises and accompanying audio also lend themselves to classroom use. The ten units which make up this course provide ample opportunity to learn and practise the Spanish language in practical, everyday situations, such as: introducing yourself and others, giving personal information, ordering food, shopping, making travel arrangements, etc.

Known as **castellano** (*Castilian*) to native speakers, **el español** (*Spanish*) is the native language of nearly 400 million Latin Americans living in 19 different countries. As it happens in the English-speaking world, their language presents some rich variations, especially in accents, but also in certain areas of vocabulary. This, however, does not impede good communication. Except for minor differences between the Spanish spoken in Spain and Latin America, the grammar is essentially the same throughout the Spanish-speaking world. To ease your way through, this beginner's course stresses the commonalities, not the differences, between the various countries.

Whatever reasons motivate you to learn Latin American Spanish, you will find the material in this course particularly useful.

¡Buena suerte! *Good luck!*

How the book works

All the units in *Get Started in Latin American Spanish* are structured in the following way:

What you will learn sets the learning objectives and identifies what you will be able to do in Spanish by the end of the unit.

Culture point. An opening passage about a cultural aspect related to the unit theme introduces some key words and phrases.

Vocabulary builder. This section, along with its accompanying audio, brings in the key vocabulary you will learn in the unit. Look at the word lists, complete the missing English meanings, then listen and try to imitate the speakers.

New expressions. The key phrases and expressions used in the conversations are listed here with their English translations. These are the nuts and bolts of the language. Learn them and you will be on your way to speaking fluent Spanish.

Conversation. New language is presented in a recorded conversation. First, read the background information, which sets the scene for what you are going to hear and read. An opening question focuses your attention on a particular point in the dialogue; further questions help you check your comprehension.

 Language discovery draws your attention to key language points in the *conversation*. Look for the icon for questions that lead you to *discover* how the language works, whether it is a grammar rule or a way of saying things. ***Learn more*** provides further information on some key language point. Read the notes and look back at the *conversation* to see how the language has been used. ·

Practice. A variety of exercises, including speaking opportunities, give you a chance to 'pull it all together' and make active use of the language.

Listen and understand. Listening activities and follow-up questions will help you increase your capacity to understand spoken Latin American Spanish. Most of the exercises include brief dialogues which appear on the audio but not on the page. Tune up your ears!

Conversation, **Language discovery** and **Learn more**. A second *conversation* refines the unit theme, introducing additional language, which is explained in *Language discovery* and/or *Learn more*.

Speaking, Reading and **Writing**. The *Speaking* exercise lets you use what you have learned in the unit and previously. Try to do the activity spontaneously without looking at the language notes. The *Reading* contains mostly vocabulary from the unit and occasional new words. Try getting the gist of the text before you answer the follow-up questions. The reading passage will often serve as a model for personalized writing.

Go further introduces more useful words and expressions related to the unit theme.

Test yourself will help you assess how much you have learned. Do the tests without looking at the language notes. **Self-check** lets you see what you can do in Spanish. When you feel confident that you can use the language correctly, move on to the next unit.

Study the units at your own pace, and remember to make frequent and repeated use of the audio.

To make your learning easier and more efficient, a system of icons indicates the actions you should take:

    Play the audio track

    Listen and pronounce

    Figure something out for yourself

    Culture tip

New words and phrases

 Reading passage

 Exercises coming up!

 *Write and make notes*

 Speak Spanish out loud (even if you're alone)

 Check your Spanish ability (no cheating)

As you work your way through the course, you will also become familiar with studying on your own, looking things up, and checking your Spanish ability.

You can also consult:

Pronunciation, at the beginning of the book, is an overview of Latin American Spanish sounds. We encourage you to go over it periodically.

Review units appear three times throughout the book to help you consolidate and remember the language you have learned over several units. Everything you need to answer the review questions has been presented previously, so checking your score will let you know if you are ready to move ahead to new material or if you ought to go back and refresh your knowledge.

Un viaje a Santiago de Chile is a story (written entirely in Spanish) that draws on all the language elements from the course. Read it for pleasure.

Three reference sections appear at the back of the book:

Grammar summary notes linked to each unit can help dispel doubts and answer questions you may have about the structures of Spanish.

A complete **Answer key** is given to help you monitor your performance and check your progress. It includes the answers to all the activities in the course.

The **Spanish–English vocabulary** allows you to quickly access all the vocabulary that is presented in the course.

Learn to learn

The Discovery method

There are lots of approaches to language learning, some practical and some quite unconventional. Perhaps you know of a few, or even have some techniques of your own. In this book we have incorporated the **Discovery method** of learning, a sort of DIY approach to language learning. What this means is that you will be encouraged throughout the course to engage your mind and figure out the language for yourself, through identifying patterns, understanding grammar concepts, noticing words that are similar to English, and more. This method promotes *language awareness*, a critical skill in acquiring a new language. As a result of your own efforts, you will be able to better retain what you have learned, use it with confidence, and, even better, apply those same skills to *continuing* to learn the language (or, indeed, another one) on your own after you've finished this book.

Everyone can succeed in learning a language – the key is to know *how to learn* it. Learning is more than just reading or memorizing grammar and vocabulary. It's about being an *active* learner, learning in real contexts, and, most importantly, *using* what you've learned in different situations. Simply put, if you **figure something out for yourself**, you're more likely to understand it. And when you use what you've learned, you're more likely to remember it.

And because many of the essential but (let's admit it!) dull details, such as grammar rules, are introduced through the **Discovery method**, you'll have more fun while learning. Soon, the language will start to make sense and you'll be relying on your own intuition to construct original sentences *independently*, not just listening and repeating.

Enjoy yourself!

Become a successful language learner

1 MAKE A HABIT OUT OF LEARNING

Study a little every day, between 20 and 30 minutes is ideal. Give yourself **short-term goals**, e.g. work out how long you'll spend on a particular unit and work within this time limit, and **create a study habit**. Try to **create an environment conducive to learning** which is calm and quiet and free from distractions. As you study, do not worry about your mistakes or the things you can't remember or understand. Languages settle gradually in the brain. Just **give yourself enough time** and you will succeed.

2 MAXIMIZE YOUR EXPOSURE TO THE LANGUAGE

As well as using this course, you can listen to radio, watch television or read online articles and blogs. Do you have a personal passion or hobby? Does a news story interest you? Try to access Spanish information about them. It's entertaining and you'll become used to a range of writing and speaking styles.

3 VOCABULARY

- ▶ Group new words under **generic categories**, e.g. *food*, *furniture*, **situations** in which they occur, e.g. under *restaurant* you can write *waiter*, *table*, *menu*, *bill*, and **functions**, e.g. greetings, parting, thanks, apologizing.
- ▶ Write the words over and over again. Keep lists on your smartphone or tablet, but remember to switch the keyboard language so you can include all accents and special characters.
- ▶ Listen to the audio several times and say the words out loud as you hear or read them.
- ▶ Cover up the English side of the vocabulary list and see if you remember the meaning of the word.
- ▶ Create flash cards, drawings and mind maps.
- ▶ Write Spanish words on post-it notes and stick them to objects around your house.
- ▶ **Experiment with words.** Look for patterns in words, e.g. make feminine words by changing the ending **-o** to **-a**: **hermano/a.**

4 GRAMMAR

▶ **Experiment with grammar rules.** Sit back and reflect on how the rules of Spanish compare with your own language or other languages you may already speak.

▶ Use known vocabulary to practise new grammar structures.

▶ When you learn a new verb form, write the conjugation of several different verbs you know that follow the same form.

5 PRONUNCIATION

▶ Study individual sounds, then full words. Make a list of those words that give you trouble and practise them.

▶ Repeat the conversations line by line and try to mimic what you hear. Record yourself if you can.

6 LISTENING AND READING

The conversations in this book include questions to help guide you in your understanding. But you can do more:

▶ **Imagine the situation.** Think about where a scene is taking place and make educated guesses, e.g. a conversation in a snack bar is likely to be about food.

▶ **Guess the meaning of key words before you look them up.** When there are key words you don't understand, try to guess what they mean from the context. If you're listening to a Spanish speaker and cannot get the gist of a whole passage because of one word or phrase, try to repeat that word with a questioning tone; the speaker will probably paraphrase it.

7 SPEAKING

Practice makes perfect. The most successful language learners know how to overcome their inhibitions and keep going.

▶ When you conduct a simple transaction with a salesperson, clerk or waiter, pretend that you have to do it in Spanish, e.g. buying groceries, ordering food, drinks, and so on.

▶ Rehearse the dialogues out loud, then try to replace sentences with ones that are true for you.

8 LEARN FROM YOUR ERRORS

▶ Making errors is part of any learning process, so don't be so worried about making mistakes that you won't say anything unless you are sure it is correct. This leads to a vicious circle: the less you say, the less practice you get and the more mistakes you make.

▶ Note the seriousness of errors. Many errors are not serious as they do not affect the meaning.

9 LEARN TO COPE WITH UNCERTAINTY

▶ **Don't give up if you don't understand.** If at some point you feel you don't understand what you are told, try to guess what is being said and keep following the conversation a while. The speaker might repeat or paraphrase what you didn't understand and the conversation can carry on.

▶ **Keep talking.** The best way to improve your fluency in Spanish is to seize every opportunity to speak. If you get stuck for a particular word, don't let the conversation stop; paraphrase or use the words you do know, even if you have to simplify what you want to say.

▶ **Don't over-use your dictionary.** Resist the temptation to look up every word you don't know. Read the same passage several times, concentrating on trying to get the gist of it. If after the third time some words still prevent you from making sense of the passage, look them up in the dictionary.

Latin American Spanish

Some regional differences

Just as in the English-speaking world, you will find that in an area as large as Latin America, there are great differences in pronunciation and intonation between different regions (and even within the same country). But as with English, these differences are no obstacle to communication.

Within Latin America there are five main linguistic areas: Mexico and Central America, the Caribbean coast and islands, the Andean region, Chile on its own, and the River Plate area (Argentina, Uruguay and Paraguay).

Generally speaking, there is a weakening of vowel sounds in Mexico, as in **buen(a)s noch(e)s** (*good evening*). In other regions, such as the Caribbean or Chile, it is consonant sounds which are altered or even omitted in certain positions, as in **buena(h) noche(h)**, in which the **s** is replaced by an aspiration. The dropping of **d** between vowels in these areas is another example, with a word such as **pescado** (*fish*) becoming **pe(h)cao.**

The Spanish spoken in parts of Colombia will seem, at least to foreign ears, clearer and easier to follow than the Spanish of other countries. However, even in Colombia there are wide differences. The Spanish spoken in places like Bogotá or Cali is usually associated with 'good, clear Spanish' whereas in Cartagena on the Caribbean coast, it has more in common with Caribbean Spanish.

The most distinctive feature in the River Plate area is the pronunciation of **y**, as in **yo**, and **ll**, as in **calle**, which are pronounced more like the *s* in *pleasure* or the *j* in *John*.

Differences in vocabulary may take less time to handle as you are confronted with particular needs. So, although you may know that the standard word for *a bus* is **el autobús**, you will soon realize as you travel around Latin America that in some areas it is known as **el bus**, but that in Argentina it is called **el colectivo**, in Cuba **la guagua**, in Chile **la micro**, and so on. The word **autobús**, however, will be understood everywhere. The same is true of words related to food and meals, where vocabulary differences are even greater.

To give you more of an idea about regional vocabulary, we have included a section of Latin American terms in the Spanish–English Vocabulary at the back of this book.

In terms of grammar, you will find few significant differences within Latin America since the grammar of Spanish is by and large the same throughout the Spanish-speaking world. Perhaps the most obvious difference is in the River Plate area with the use of **vos** instead of **tú** *you* to address someone in an informal way. The use of **tú**, however, will be understood by everyone, everywhere.

Do not be daunted by the differences, then, and make the most of the language you are going to learn as this will ensure that you can communicate effectively in most situations.

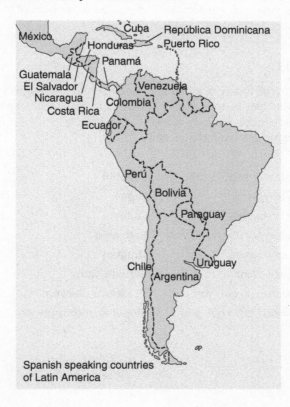

Spanish speaking countries
of Latin America

Pronunciation

The aim of this pronunciation guide is to provide useful hints which will enable you to imitate native Spanish speakers. It cannot by itself teach you to pronounce Spanish accurately. The best way to acquire a good pronunciation is to listen to, and try to imitate, native speakers. The audio which accompanies this course and features speakers from different Latin American countries, together with the exercises which focus on specific pronunciation points, will help you to do this.

This guide covers individual sounds and provides an overview of the main pronunciation features within certain regions of Latin America.

Vowels

Spanish has five vowels: **a**, **e**, **i**, **o**, **u**. Unlike English, in which vowel sounds within a word may be shortened or weakened, in Spanish all vowels are given their full value. In words of two syllables or more, one vowel is stressed or pronounced more forcefully.

 00.01

a	like the *a* in *answer* (but shorter)	**Panamá**
e	like the *e* in *pen*	**Pepe**
i	like the *i* in *marine*	**Chile**
o	like the *o* in *pot* (British English)	**Colombia**
u	like the *oo* in *soon*	**Uruguay**
	after **q**, **u** is silent	**Enrique, Quito**
	u is also silent in **gui, gue**	**Guillermo, Guevara**
	u, is pronounced in **güi, güe**	**pingüino, nicaragüense**

Consonants

Spanish consonants are generally similar to English consonants, but note the following special features:

b, v	are pronounced the same: in initial position and after **n** with lips closed, like the *b* in *bar*, in other positions the lips are slightly apart	**Venezuela, invitar Sebastián, Eva**
c	before **a, o, u**, like the *c* in *car* before **e, i**, like the *s* in *sun*	**Cancún Cecilia**
d	like the *d* in *Daniel*; between vowels and after **r**, more like the *th* in *this*	**Daniel soda, tarde**
g	before **a, o, u**, like the *g* in *garden* before **e, i**, like the *h* in *hat* in Central America and the Caribbean, but more like the Scottish *ch* in *loch* in other countries	**Nicaragua Argentina**
j	like the *h* in *hat* in Central America and the Caribbean, but more like the Scottish *ch* in *loch* in other countries	**José**
h	is silent	**Honduras**
ll	like the *y* of *yawn* in most countries, but more like the *s* in *pleasure* in Argentina and Uruguay	**llama**
ñ	like the *ni* in *onion*	**mañana**
q(u)	like the *c* in *car*	**Enrique**
r	between vowels or at the end of a word nearly like the *r* in *very*; in initial position **r** is strongly rolled	**Sara, bar Ricardo**
rr	always strongly rolled	**cigarrillo**
x	like the *x* in *taxi* like the *ch* in the Scottish word *loch*	**taxi México**
y	like the *y* in *yes*, but more like the *s* in *pleasure* in Argentina and Uruguay	**mayo**
z	like the *s* in *sun*	**Amazonas**

The pronunciation of **z** and of **c** before **e** and **i** constitutes the main difference between Latin American and Spanish and the Spanish from Spain. In most parts of Spain, the **z** in **Amazonas** and the **c** in **Cecilia** are pronounced like the *th* in *think*.

The alphabet

00.03

a	**a**	j	**jota**	r	**ere**
b	**be**	k	**ka**	s	**ese**
c	**ce**	l	**ele**	t	**te**
d	**de**	m	**eme**	u	**u**
e	**e**	n	**ene**	v	**ve/uve**
f	**efe**	ñ	**eñe**	w	**doble ve/uve**
g	**ge**	o	**o**	x	**equis**
h	**ache**	p	**pe**	y	**i griega**
i	**i**	q	**qu**	z	**zeta**

In Latin America there is no standard name for **v**. In some places it is known as **uve**, as in Spain, while in others it is known as **ve**. This may pose a few problems, as Spanish does not make a distinction in pronunciation between **b** (**be**) and **v** (**ve**). To avoid any possible confusion when spelling, people use phrases like: **b alta/grande** (for **b**) and **v baja/chica** (for **v**). Others may use words such as **b de Brasil**, **v de Venezuela**. The letter **w** is known as **doble u** in some countries and **doble ve** in others.

Ch and **ll** used to have separate entries in Spanish dictionaries, but now **ch** comes under **c**, and **ll** under **l**. You may, however, still find them as separate letters in older dictionaries.

Stress and accentuation

In every word there is a syllable which is stressed, and in Spanish the stress always falls on a vowel.

Words which end in a vowel, **n** or **s**, stress the second to last syllable:	**Chi**le, **Bue**nos **Ai**res
Words which end in a consonant other than **n** or **s** stress the last syllable:	espa**ñol**, doc**tor**
Words which do not follow the standard pattern carry a written accent over the stressed syllable:	At**lán**tico, in**glés**

Differences in meaning between some similar words are shown by a written accent:

sí	yes	si	if
él	he	el	the
sé	I know	se	pronoun (oneself)
dé	give	de	of, from
mí	me	mi	my

All question words carry a written accent and are preceded by an inverted question mark.

¿cómo?	how?
¿cuál?	which, what?
¿cuándo?	when?
¿cuánto?	how much?
¿cuántos?	how many?
¿dónde?	where?
¿por qué?	why?
¿qué?	what?, how?
¿quién?	who?

In exclamations **que** carries an accent: ¡**Qué** terrible! *How terrible!*

Note also the inverted exclamation mark at the beginning.

Useful expressions

GREETINGS, FAREWELLS AND COURTESIES

hello	**hola**
good morning	**buenos días**
good afternoon	**buenas tardes**
good evening	**buenas tardes,** (after dark) **buenas noches**
good night	**buenas noches**
goodbye	**adiós, chao** or **chau** (informal)
see you later	**hasta luego**
until tomorrow	**hasta mañana**
yes	**sí**
no	**no**
please	**por favor**
thank you	**gracias**
thank you very much	**muchas gracias**
you're welcome	**de nada, no hay de qué**
I'm sorry	**lo siento** (to express regret)
disculpe	**excuse me** (to apologize, to interrupt)
no sé	**I don't know**
how much is it?	**¿cuánto es?**

MAKING YOURSELF UNDERSTOOD

Can you repeat, please?	**¿Puede repetir, por favor?**
Can you speak slower?	**¿Puede hablar más despacio?**
Sorry, what did you say?	**Perdone, ¿cómo dice?**
I'm sorry, I don't understand.	**Perdone, no entiendo.**
I'm sorry, I don't speak Spanish very well.	**Perdone, no hablo muy bien español.**
Do you speak English?	**¿Habla inglés?**

NUMBERS

1 **uno**	11 **once**	21 **veintiuno**	40 **cuarenta**
2 **dos**	12 **doce**	22 **veintidós**	50 **cincuenta**
3 **tres**	13 **trece**	23 **veintitrés**	60 **sesenta**
4 **cuatro**	14 **catorce**	24 **veinticuatro**	70 **setenta**
5 **cinco**	15 **quince**	25 **veinticinco**	80 **ochenta**
6 **seis**	16 **dieciséis**	26 **veintiséis**	90 **noventa**
7 **siete**	17 **diecisiete**	27 **veintisiete**	100 **cien**
8 **ocho**	18 **dieciocho**	28 **veintiocho**	120 **ciento veinte**
9 **nueve**	19 **diecinueve**	29 **veintinueve**	200 **doscientos**
10 **diez**	20 **veinte**	30 **treinta**	1000 **mil**

For all numbers above 30, if you add a unit to the tens, the new number becomes three separate words, so 31 is **treinta y uno**, 42 is **cuarenta y dos**, and so on. When you add a unit to a hundred this becomes **ciento**. In the hundreds, note the following forms:

500 **quinientos**   700 **setecientos**   900 **novecientos**

QUESTION WORDS

Some Spanish question words have different meanings in English depending on the context. The meanings given below are the most frequent.

where?	**¿dónde?**
where to?	**¿adónde?**
how?	**¿cómo?**
which?	**¿cuál?** (singular), **¿cuáles?** (plural)
when?	**¿cuándo?**
how much?	**¿cuánto?**
how many?	**¿cuántos?**
what?	**¿qué?**
why?	**¿por qué?**
who?	**¿quién?** (singular), **¿quiénes?** (plural)

¡Hola!
Hello!

In this unit you will learn how to:
▶ *say hello and goodbye.*
▶ *introduce yourself and others.*
▶ *say where you are from and where you live.*
▶ *say what languages you speak.*

CEFR: (A1) *Can establish basic social contact by using simple everyday polite forms of: greetings and farewells; introductions; can say where he/she is from, where he/she lives and what languages he/she speaks.*

Latin America

To Spanish speakers, the land that extends from **México** in the north to Tierra del Fuego in the south is known as **Latinoamérica** (*Latin America*), which is different from **Sudamérica** (*South America*). The first term includes Portuguese-speaking **Brasil** (*Brazil*), while the second leaves out **México**, **Centroamérica** (*Central America*) and the Caribbean nations. In this book we will use the more inclusive word Latin America to mean the geographical region, as well as the less common term **Hispanoamérica** (*Spanish Americas*) to refer only to the Spanish-speaking countries in the area.

El español or **el castellano**, as it is also known, is not the only language spoken in the Spanish Americas. Millions of people still speak indigenous languages in countries like Mexico, Peru, Bolivia and Ecuador, among others. A number of words from these languages have found their way into Spanish and other European languages. Words like **tomate, chocolate**, **maíz** (*corn*) have their origin in the Americas.

The following Spanish words are derived from indigenous languages. What is the English for them? **barbacoa, cacao, chile, cigarro, hamaca, tabaco.**

Vocabulary builder

 01.01 Look at the words and phrases and complete the missing English expressions. Then listen to the recording and try to imitate the pronunciation of the speakers.

SALUDOS *GREETINGS*

buenos días	*good _____*
buenas tardes	*good afternoon/good evening*
buenas noches	*good evening (late evening)/good night*
hola	*_____*
encantado	*pleased to meet you (men)*
encantada	*pleased to meet you (women)*
mucho gusto	*how do you do?*
hasta luego	*see you soon*
hasta mañana	*_____ tomorrow*
adiós	*goodbye*

NEW EXPRESSIONS

Yo soy ...	*I am ...*
¿Cómo se llama usted?	*What's your name?*
Me llamo ...	*My name is ...*
¿Cómo está?	*How are you?*
Muy bien gracias, ¿y usted?	*Very well, thank you, and you?*
¿De dónde es usted?	*Where are you from?*
Soy de ...	*I'm from ...*
Este es el señor ...	*This is Mr ...*
Esta es la señorita ...	*This is Miss ...*
Él es ...	*He is ...*
Ella es ...	*She is ...*

1 ¡Hola! *Hello!*   3

Conversation

 01.02 *At an international conference in Mexico City, señor Vera introduces himself to señora Silva, another one of the participants. Listen and answer the question.*

1 What time of day do you think it is?

Sr. Vera	Hola, buenos días.
Sra. Silva	Buenos días.
Sr. Vera	Yo soy Pablo Vera. ¿Cómo se llama usted?
Sra. Silva	Me llamo Elena Silva. Mucho gusto, señor Vera.
Sr. Vera	Encantado, señora. ¿Cómo está?
Sra. Silva	Muy bien, gracias, ¿y usted?
Sr. Vera	Bien, gracias. ¿De dónde es usted?
Sra. Silva	Soy colombiana, soy de Bogotá ¿Y usted?
Sr. Vera	Yo soy mexicano, de Puebla. Este es el señor Collins. Él es inglés.
Sra. Silva	Encantada.
Sr. Vera	Y esta es la señorita Parker. Ella es irlandesa.
Sra. Silva	Mucho gusto, señorita.
Sr. Vera	Hasta luego.

2 Match the Spanish and the English.

a Hola, buenos días.
b ¿Cómo se llama usted?
c Mucho gusto.
d ¿Cómo está?
e ¿De dónde es usted?

1 How do you do.
2 Where are you from?
3 Hello, good morning.
4 How are you?
5 What's your name?

3 What do you think? Read the conversation and answer the questions.

a Does señor Vera know señora Silva?
b What nationality is señora Silva?
c What city in Mexico is señor Vera from?
d Which country is Mr Collins from? And Miss Parker?

> **LANGUAGE TIP**
> In writing, **señor**, **señora, señorita** are usually abbreviated **Sr., Sra., Srta.**

4 **01.03 Now listen to the conversation line by line and repeat.**

4

Language discovery

What is the Spanish verb meaning *are you* **in these phrases from the conversation?**

   a ¿Cómo está?

   b ¿De dónde es usted?

   c Which word is used for *you* in one of the phrases?

LEARN MORE

In Spanish there are two verbs meaning *to be*, **estar** and **ser**. To ask people how they are, use **estar**. To say your nationality and where you are from use **ser**. There are also two forms for *you* for speaking to a single person: **usted** (formal) and **tú** (informal). Use **usted**:

▶ to speak to someone you don't know

▶ to address older people

▶ to show respect for the other person.

In Spanish, the verb forms indicate the person, so **yo** *I*, **usted** *you*, **él** *he*, **ella** *she*, etc., are often omitted altogether, except for emphasis. **Usted** is sometimes added to show politeness.

AHORA TÚ

What questions would you ask to get these replies?
Bien, gracias, ¿y usted?; Soy de Chile.

▶ Nouns in Spanish are either masculine or feminine. The word for *the* is **el** for masculine singular nouns and **la** for feminine singular nouns. Words for people have different masculine and feminine forms: **el señor, la señora**. Note that you must use **el, la** before **señor, señora/ señorita**, except when you address the person directly: *Este es* **el señor** *Collins*, but *Mucho gusto,* **señor** *Collins*.

AHORA TÚ

How would you say: *This is Miss Julián; Good morning, Miss Julián; This is Mrs Montes; How are you, Mrs Montes?*

▶ Words of nationality have different masculine and feminine forms. For a woman change the **-o** of the masculine into **-a** or add **-a** after the final consonant, deleting the written accent if there is one.

> **AHORA TÚ**
>
> Make these sentences feminine: **Soy británico, de Birmingham; Él es francés, de París.**

Look at the questions in the dialogue and note the use of an upside down question mark at the beginning: **¿De dónde?** *From where ...?* **¿Dónde?**, like all question words takes a written accent.

> **LANGUAGE TIP**
> Note that words of nationality do not take a capital letter in Spanish.

PRACTICE

1 Complete the following sentences with the missing verbs.

   a Hola, ¿cómo _____ usted?
   b María _____ cubana.
   c Yo _____ venezolano.
   d ¿De dónde _____ usted?

2 Complete the following sentences with the appropriate word: yo, usted, él, ella.

   a _____ es boliviana.
   b _____ soy de Guatemala.
   c _____ es chileno.
   d ¿Es _____ argentina, señora?

3 Find the expressions in the conversation that mean:

   a I am (name).
   b My name is ...
   c I am (nationality).
   d I am from ...
   e This is (man).
   f This is (woman).

4 Now give the feminine and the English for the following:

	Masculine	Feminine	English
a	alemán	alemana	*German*
b	inglés		
c	argentino		
d	español		
e	irlandés		
f	puertorriqueño		

5 Use what you know to answer these questions about yourself.

   a Hola, buenos días, ¿cómo está usted?

   b Me llamo Cecilia Martínez. ¿Cómo se llama usted?

   c ¿De dónde es usted?

Listen and understand

1 01.04 **Listen to the following greetings and complete the phrases.**

   a _____ noches.

   b Buenos _____.

   c _____ tardes.

   d _____, ¿cómo está usted?

2 01.05 **Listen and make a note of each of the following people's nationality.**

   a Nicolás Bravo Ramírez.

   b María Molina.

   c Julio Miranda.

   d Ana Ibarra Díaz.

   e Karen McDonald.

   f Pierre Bardeau.

3 01.06 **Listen and fill in the missing words.**

   a Yo _____ Daniel Álvarez.

   b _____ es la señorita Inés Jara.

   c ¿Cómo se _____ usted?

   d Me _____ Antonio. ¿ _____ usted?

   e ¿De _____ es?

   f ¿Cómo _____?

 4 01.07 **Listen and try imitating the speakers as you hear them.**

   a ¿Cómo se llama usted?

   b Me llamo Ana Mercado.

   c Esta es Cristina Silva.

   d Mucho gusto.

> **LANGUAGE TIP**
> Another way to ask someone's name is **¿Cuál es su nombre?**, to which you may reply **Mi nombre es …**

> **LANGUAGE TIP**
> Spanish has five vowels: **a, e, i, o, u**, and in pronunciation they are all given their full value.

Conversation

01.08 Antonio is networking at the conference, when he meets Karen.
Read along as you listen, then answer the question.

1 Where's Karen from and where does she live?

Antonio	Hola, ¿qué tal? ¿Hablas español?
Karen	Sí, hablo español, pero no muy bien.
Antonio	Yo soy Antonio, ¿cómo te llamas?
Karen	Me llamo Karen. ¿Cómo estás?
Antonio	Muy bien. ¿De dónde eres?
Karen	Soy norteamericana, vivo en Los Ángeles. Y tú, ¿eres mexicano?
Antonio	Sí, soy mexicano.
Karen	¿Dónde vives?
Antonio	Vivo en Mérida.
Karen	¿Hablas inglés?
Antonio	No, no hablo inglés. Sólo hablo español.

2 Review these expressions from the conversation, then fill in the blanks with the missing English meanings.

a	Hola, ¿qué tal?	*Hi, how are things?*
b	¿Hablas ...?	*Do you speak...?* (**hablar** *to speak*)
c	Sí, hablo ...	_____
d	¿Cómo te llamas?	*What's _____?*
e	¿Cómo estás?	*_____ are you?*
f	¿De dónde eres?	*_____ from?*
g	¿Dónde vives?	*Where do you live?* (**vivir** *to live*)

Language discovery

1 Which word has been used for *you* **in** *And you?*

2 What are the endings for *I speak, I live,* **and** *you speak, you live* **in the conversation?**

> **LANGUAGE TIP**
>
> In parts of Latin America, the word **americano/a** (from the USA) is politically incorrect because it describes all the native peoples of the Americas. In formal language, **estadounidense** is used for *American*.

Learn more

Look at the following and note the verb endings.

	hablar	to speak	vivir	to live
yo	hablo	I speak	vivo	I live
tú	hablas	you speak	vives	you live
él, ella	habla	he/she speaks	vive	he/she lives
usted	habla	you speak	vive	you live

▶ Use the **tú** form of the verb, which ends in **-s**, to talk to family, friends or younger people. Note that some verbs, like **ser**, are irregular: **tú eres** *you are* (informal) but **él, ella, usted es** *he/she is, you are* (formal).

▶ To make a negative sentence, Spanish uses the single word **no** before the verb: **No soy mexicana, no vivo en Mérida.**

> **AHORA TÚ**
>
> Make these sentences negative: **Karen habla español; Es de Nueva York.**

▶ Spanish does not use the equivalent of *Do you...?, Does she...?* In spoken language, statements can be changed into questions simply by raising the intonation.

PRACTICE

1 Complete the verbs with the proper ending for tú.

  a ¿Cómo te llama _____ (tú)?

  b Habla _____ muy bien español.

  c ¿Dónde vive _____ (tú)?

2 Change the following formal questions into informal ones.

  a ¿De dónde es?   **d** ¿Usted es de Ecuador?

  b ¿Cómo está?   **e** ¿Habla inglés?

  c ¿Vive en Santiago?   **f** ¿No habla francés?

3 Make the following sentences negative.

  a Hablo español muy bien.   **c** Me llamo Andrés.

  b Vivo en Glasgow.   **d** Soy de California.

4 01.09 **Listen to the recording and repeat the sentences, then indicate whether they are (Q) questions or (S) statements.**

  a _____   **c** _____

  b _____   **d** _____

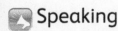 # Speaking

Now give your own answers to these questions.

a Hola, ¿cómo estás?
b ¿Cómo te llamas?
c ¿De dónde eres?
d ¿Dónde vives?
e ¿Hablas inglés?
f ¿Hablas español?

Reading and writing

 1 **Here is part of an email Clara wrote to a new contact. Can you figure out the meanings of the following words?**

a ¿Qué tal?
b (Yo) estudio
c un instituto de idiomas

LANGUAGE TIP	
Inglaterra	England
Escocia	Scotland
Irlanda	Ireland
Gales	Wales
los Estados Unidos	the USA

Hola Mark:

¿Qué tal? Me llamo Clara Muñoz Ríos. Soy chilena, vivo en Santiago, la capital de Chile y hablo castellano. No hablo inglés muy bien, pero estudio inglés en un instituto de idiomas. Y tú, ¿dónde vives? ¿Hablas castellano?

2 **Now try to answer these questions in Spanish.**

a ¿De dónde es Clara?
b ¿Qué idioma (lengua) habla?
c ¿Habla inglés?
d ¿Dónde estudia inglés?

> **LANGUAGE TIP**
> The word **castellano** for **español** is very common in Latin America.

 3 **Now give similar information about yourself using Clara's e-mail as a model.**

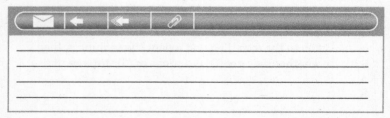

Go further

In the Hispanic world people have two **apellidos** (*surnames*). The first is their father's and the second their mother's. In everyday situations, **el segundo apellido** (*the second surname*) is usually omitted.

In her earlier email Clara included her two surnames: **Muñoz,** her father's, and **Ríos,** her mother's. To the people close to her she'll be known as **Clara Muñoz,** or **Señorita Muñoz** in a formal situation. Married women keep their maiden name for legal purposes, but they can choose to use their marital name in their personal life.

If Clara married a **señor Miranda,** what would be their children's surnames?

Test yourself

1 01.10 **Listen to the speakers and decide if the language is (F) formal or (I) informal.**

a _____   d _____
b _____   e _____
c _____   f _____

2 01.11 **Listen and complete the sentences with the missing words.**

a Hola, ¿cómo _____ usted?   d Esta _____ Eliana. _____
b ¿ _____ usted inglés?   argentina.
c No, no _____ inglés.   e ¿De dónde _____ usted?
                                      f _____ de Colombia.

3 **Change the following questions into informal ones.**

a ¿De dónde es usted?   b ¿Dónde vive?

SELF CHECK	
I CAN. . .	
⬤	. . . say hello and goodbye.
⬤	. . . introduce myself and others.
⬤	. . . say where I'm from and where I live.
⬤	. . . say what languages I speak.

¿Qué haces?
What do you do?

In this unit you will learn how to:
▶ *say what you do for a living.*
▶ *say how old you are.*
▶ *talk about your family.*
▶ *describe people.*
▶ *say numbers from 1 to 100.*

CEFR: (A1) *Can ask for and provide personal information; can describe his/her family; can describe people; can handle numbers.*

Getting to know Latin Americans

Latin Americans are famous for their sociability. Even in large cities you will not find it hard to meet local people. Away from big towns, getting to know people may well involve an invitation to meet the extended family, including **el papá** (*the dad*), **la mamá** (*the mum*) and **los hijos** (*the children*), but perhaps also **el abuelo** (*the grandfather*) or **la abuela** (*the grandmother*) and even the occasional **tía** (*aunt*). Latin Americans are interested in strangers and will ask casually: **¿Es usted soltero o casado?** (*Are you single or married?*), if you are a man, and if you are a woman **¿Es usted soltera o casada?**, **¿Tiene hermanos?** (*Do you have brothers and sisters?*), **¿Cuántos hijos tiene?** (*How many children do you have?*) or else **¿Tiene novio/novia?** (*Do you have a boyfriend/girlfriend?*), **¿Qué hace usted?** (*What do you do for a living?*). Don't be afraid to respond with similar questions of your own. It is part of getting to know people and of eventually becoming **un amigo** or **una amiga** (*friend*).

 Have a go at answering this question : **¿Es usted soltero/soltera o casado/casada?** To say *I am* … use **Soy** … followed by the word that describes you.

Vocabulary builder

1 02.01 **Match the Spanish and the English. Then listen and try to imitate the speakers as you hear them.**

OCUPACIONES *OCCUPATIONS*

a el enfermero/la enfermera		**1**	*journalist*
b el empleado/la empleada		**2**	*student*
c el/la periodista		**3**	*nurse*
d el profesor/la profesora		**4**	*clerk*
e el/la estudiante		**5**	*teacher*

NEW EXPRESSIONS

¿Qué hace/haces?	*What do you do?*
Soy enfermera/enfermero.	*I'm a nurse.*
Trabajo en ...	*I work in ...*
¡Qué bien!	*Excellent!*
Mi esposo/esposa trabaja en ...	*My husband/wife works in ...*
¡Qué interesante!	*How interesting!*
¿Trabaja/Trabajas ...	*Do you work ...*
...o estudia/estudias?	*... or study?*
Estudio ...	*I'm studying ...*
Tú eres/Ud. es muy joven.	*You are very young.*
¿Cuántos años tiene/tienes?	*How old are you?*
Tengo veinte años.	*I'm twenty years old.*
Mi hijo tiene veintidós años.	*My son is 22 years old.*
Él también es estudiante.	*He's also a student.*
Estudia ingeniería.	*He studies engineering.*

> **LANGUAGE TIP**
> A primary school teacher is **el maestro/la maestra** in most Latin-American countries.

Conversation

 02.02 *Listen to Luis and Marta talking about what they do for a living. Then answer the question.*

1 What is Marta's job?

Luis	¿Qué hace usted, Marta? ¿Trabaja?
Marta	Sí, soy enfermera. Trabajo en un hospital.
Luis	¡Qué bien! ¿Qué hace su esposo?
Marta	Mi esposo es empleado de un banco.
Luis	Yo soy periodista. Trabajo en una revista y mi esposa es profesora. Ella trabaja en un colegio.
Marta	¡Qué interesante! Y tú Blanca, ¿trabajas o estudias?
Blanca	Soy estudiante. Estudio historia en la universidad.
Marta	Eres muy joven. ¿Cuántos años tienes?
Blanca	Tengo veinte años.
Marta	Mi hijo José tiene veintidós años. Él también es estudiante. Estudia ingeniería.

2 What phrases from the dialogue mean the following?
   a What do you do? Do you work?
   b What does your husband do?
   c My husband is a bank clerk.
   d She works in a school.

Now try giving the Spanish for the phrases above without looking at the conversation.

3 What do you think? Read the conversation and answer the questions.
   a What does Luis's wife do?
   b What is Blanca studying?
   c What is José studying?
   d How old is he?

> **LANGUAGE TIP**
> Remember that since verb endings indicate who does an action, Spanish tends to drop the subject: **soy profesora** is heard more frequently than **yo soy profesora**.

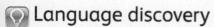

Language discovery

a **Which two words from the conversation have been used for *a*, as in *a bank, a magazine*?**

b **What is the Spanish for *I'm twenty years old* in the conversation?**

Learn more

▶ English uses *a* with words of occupation, as in *I'm a nurse, He's a student*. In Spanish **un** (masculine) and **una** (feminine), *a/an* are not used to talk about someone's occupation, unless the noun is qualified:

Soy enfermero/a.	*I'm a nurse.*
Es empleado/a.	*He/She's a clerk.*

but

Es una enfermera excelente. *She's an excellent nurse.*

▶ English uses *to be* to talk about age, but Spanish uses **tener** (*to have*). To ask someone's age, say **¿Cuántos años tiene/s?** To say someone's age, mind the correct verb form:

tengo	*I have*
tienes	*you have (informal)*
tiene	*he/she has, you have (formal)*
tienen	*they/you have*

Hacer (*to do*) is another **-er** verb, with an irregular form for **yo** *I*: **yo hago, tú haces, usted/él/ella hace …**

AHORA TÚ

Give the formal Spanish for *What does your father do?*

▶ In Spanish, words that denote belonging, **mi** (*my*), etc., have the same form for masculine and feminine. Note that **su** is equivalent to several English words: **mi amigo/amiga** (*my friend*), **tu padre/madre** (*your father/mother*), **su hermano/hermana** (*his/her/your brother/sister*).

▶ Words for occupations have different masculine and feminine forms, but some are the same for both sexes:

el empleado/la empleada, el profesor/la profesora, el/la estudiante, el/la dentista.

AHORA TÚ

Give the feminine and the English for: **el artista**, **el arquitecto**, **el director**.

PRACTICE

1 Complete the sentences with un, una or (x) nothing, as appropriate.
  a Patricia trabaja en _____ hospital. Es _____ enfermera.
  b Víctor es _____ doctor. Es _____ doctor excelente.
  c Soy _____ estudiante. Estudio inglés en _____ universidad.
  d Ricardo trabaja en _____ hotel. Su esposa es _____ periodista.

2 Use the correct form of tener to complete the dialogues.
  a ¿Cuántos años _____ usted?
  b Y tú, ¿cuántos años _____?
  c Yo _____ cuarenta años.
  d Elena _____ veintitrés.

3 Complete the sentences with the correct verb.
  a Mi esposa _____ profesora.
  b Y tú, _____ o estudias?
  c (Yo) _____ estudiante, _____ historia.
  d (Tú) _____ muy joven.
  e Él también _____ estudiante.
  f Él _____ ingeniería.

4 Use what you know to answer these questions about yourself.
  a ¿Cómo se llama usted?
  b ¿Cuántos años tiene?
  c ¿Qué hace?, ¿Trabaja o estudia?
  d ¿Dónde trabaja? o ¿Qué estudia?

Listen and understand

1 02.03 **What do the following people do for a living? Listen and match the names with the occupations, then give the English for each one.**

a	Mario Pérez	**1**	policía
b	María Molina	**2**	ama de casa
c	Juan Carlos Díaz Salas	**3**	mesero/a
d	Laura Rojas	**4**	diseñador/a
e	Sonia González Moreno	**5**	médico/a
f	Esteban Fernández Ríos	**6**	secretario/a

2 02.04 **Listen and repeat, then fill in the missing numbers.**

0 **cero**	6 **seis**	12 **doce**	18 _____
1 **uno**	7 **siete**	13 _____	19 _____
2 **dos**	8 **ocho**	14 **catorce**	20 **veinte**
3 **tres**	9 **nueve**	15 **quince**	21 **veintiuno**
4 **cuatro**	10 **diez**	16 **dieciséis**	24 _____
5 **cinco**	11 **once**	17 _____	25 **veinticinco**

3 02.05 **Now listen to some of the same numbers in pairs, and try to imitate the pronunciation of the speaker.**

4 02.06 **Listen and repeat. How would you write out the missing numbers?**

30 **treinta**	51 _____	82 _____
35 **treinta y cinco**	66 _____	99 **noventa y nueve**
48 _____	77 **setenta y siete**	100 **cien**

5 02.07 **Listen and choose the correct age for each person.**

a	Luis 17 / 19	**d**	Charo 54 / 64
b	Isabel 30 / 13	**e**	Inés 75 / 65
c	Juan 48 / 58	**f**	Laura 69 / 89

Conversation

 02.08 *Listen as Marta, Luis and Blanca talk about their families. Then answer the questions.*

1   How many children does Luis have? What are their ages?

Marta	¿Cuántos hijos tiene usted, Luis?
Luis	Tengo dos, un hijo y una hija.
Marta	¿Cuántos años tienen sus hijos?
Luis	Mi hijo tiene veintiocho años y mi hija treinta.
Marta	Y tú, Blanca, ¿cuántos hermanos tienes?
Blanca	Tengo un hermano y una hermana. Aquí tengo una foto de mis padres y de mi hermano Raúl. Esta es mi mamá y este es mi papá.
Marta	Tus padres son muy jóvenes. ¡Y tienes un hermano muy guapo!
Blanca	Sí, Raúl es moreno, alto y delgado y tiene los ojos negros.
Marta	Mira, esta es mi hija Sandra. Es rubia, baja, tiene el pelo muy largo y los ojos verdes.

2   Here are some words for describing people. Match the Spanish and the English.

a	joven	**1**	*slim*
b	guapo/guapa	**2**	*blond*
c	moreno/morena	**3**	*short*
d	alto/alta	**4**	*red haired*
e	delgado/delgada	**5**	*young*
f	rubio/rubia	**6**	*tall*
g	pelirrojo/pelirroja	**7**	*dark*
h	bajo/baja	**8**	*good looking*

3   Read the conversation, then answer the questions.

a   How many brothers and sisters does Blanca have?

b   What does Blanca's brother look like?

c   What does Marta's daughter look like?

> **LANGUAGE TIP**
> Describing someone's eyes: **Tiene los ojos negros/verdes/café** or **marrones.** *(black/green/brown eyes)*

> **LANGUAGE TIP**
> Describing someone's hair: **Tiene el pelo negro/rubio/castaño.** *(black/blond/brown hair)*

> **LANGUAGE TIP**
> A fair-haired person is called **güera** in Mexico and **catire** in the Caribbean.

Language discovery

What is the plural of these words?

hijo _____, hermano _____, mi _____, tu _____, su _____

Learn more

To form the plural, follow this simple general rule:

▶ Add **-s** to the final vowel: **el hijo – los hijos**.
▶ Add **-es** to the final consonant: **el profesor – los profesores**.

In Spanish, the plural form of the masculine covers sets of relatives:

▶ **mi hermano** + **mi hermana** = **mis hermanos**
▶ **mi madre** + **mi padre** = **mis padres**
▶ **mi tío** + **mi tía** = **mis tíos** (*my aunt and uncle*)

Note that if a noun is plural, all the words that go with it take the mark of the plural, too.

 PRACTICE

1 What is the plural of these words?
  a el doctor
  b la enfermera
  c el policía
  d el ingeniero
  e el hombre
  f la mujer

2 How would say the following in Spanish?
  a I have two brothers and sisters.
  b Her children are five and three years old.
  c My parents are very young.

3 Choose the right word to complete the sentences.
  a ¿Cuántos hermanos tiene/tienes tú?
  b ¿Cuántos años tienen/tienes sus hermanos?
  c Mis padres no es/son muy jóvenes.
  d Mi mamá tengo/tiene ochenta años.

4 Complete the sentences with a verb and the Spanish for the words in brackets.
  a Cristina _____ (*tall and slim*). Ella _____ (*green eyes*).
  b Salvador y Juan _____ (*short*) y _____ (*blond hair*).
  c Mi mamá _____ (*dark*) y _____ (*brown eyes*).
  d Sus hijos _____ (*good looking*). (Ellos) _____ (*black hair*).

Speaking

Use what you know to talk about yourself.

a ¿Cómo te llamas?

b ¿Qué haces? ¿Estudias o trabajas?

c ¿Cuántos años tienes?

d ¿Tienes hijos/hermanos? ¿Cuántos?

e ¿Qué hace/hacen?

LANGUAGE TIP
The plural verb ending with **ellos, ellas** (*they*) and **ustedes** (*you,* formal/inf.) is always **-n: Ellas se llaman ..., Ustedes hacen ...**

Reading

1 **Read the email Javier writes to introduce himself and his family. Can you guess the meaning of these words?**

a economía

b mecánico

c derecho

Me llamo Javier García, tengo veintiún años, soy estudiante. Estudio economía en la universidad. Vivo en Montevideo, Uruguay, con mis padres y mis hermanos. Mi papá es mecánico y mi mamá trabaja en un hotel. Mi hermano se llama Enrique, y trabaja en un banco. Él tiene veintisiete años. Mi hermana se llama Isabel y tiene diecinueve años. Isabel estudia derecho en la universidad.

2 **Now answer these questions to check your understanding.**

a What does Javier do?

b What is he studying?

c Who does he live with?

d What do his brother and sister do?

Writing

1 **Use Javier's email as a model to write about yourself and your family.**

Go further

Here are some phrases you can use to describe yourself.

Tengo **el pelo corto.**	*I have short hair.*
Tengo **el pelo rizado.**	*I have curly hair.*
Tengo **el pelo liso.**	*I have short hair.*
Tengo **bigotes.**	*I have a moustache.*
Tengo **barba.**	*I have a beard.*
Uso lentes/anteojos.	*I wear glasses.*

1 Now use the following as a model to describe yourself.

Me llamo Julia y tengo treinta años. Soy morena, baja, delgada, tengo el pelo castaño, liso y muy corto. Uso lentes.

Test yourself

1 Complete the sentences with the correct form of the verbs in brackets.

a ¿Qué (hacer) usted Ángeles?

b (Yo) (ser) profesora de yoga.

c (Yo) (estudiar) matemáticas.

d ¿Cuántos años (tener) tú?

e Yo (tener) veintiséis.

f ¿Cuántos años (tener) usted?

 2 02.09 Listen to Carmen introducing herself and her family, then answer the questions.

a How old is Carmen?

b How old are her children?

c What does she do?

d What is her sister like?

	SELF CHECK
	I CAN. . .
○	. . . say what I do for a living.
○	. . . say how old I am.
○	. . . talk about my family.
○	. . . describe someone's physical appearance.
○	. . . say numbers from 1 to 100.

De compras
Out shopping

In this unit you will learn how to:
▶ *find out how much things cost.*
▶ *shop for clothes by size and colour.*
▶ *buy handicrafts.*
▶ *say numbers from 100 onwards.*

CEFR: (A1) *Can make simple purchases by stating what is wanted and asking the price; can handle numbers; can ask for clarification.*

Retail therapy

Many Latin American towns have **un mercado** (*market*), where you can buy everything from **alimentos** (*food*) to **la ropa** (*clothes*) and **artesanía** (*handicrafts*). **El regateo** (*bargaining*) is customary in street markets, so good shoppers use phrases like **¿Cuánto cuesta?** (*How much is it?*), **Es demasiado caro** (*It is too expensive*), **¿Cuál es el último precio?** (*What is your bottom price?*). Shopping in big cities is not much different than in Europe or the United States, with a predominance of **supermercados** (*supermarkets*) which have replaced the traditional **el almacén** (*grocer's shop*). Large **centros comerciales** (*shopping centres*) can be found in most Latin American cities.

The word for money is **el dinero**, but many people use the more colloquial term **la plata** (lit. *silver*). Several countries have **el peso** as their national currency, but its value changes country to country.

Can you recognize the names of the following currencies?: **el peso argentino, el peso chileno, el peso cubano, el peso mexicano, el dólar, el euro, la libra (esterlina).**

Vocabulary builder

03.01 Look at the words and complete the missing English expressions. Then listen to the recording and try and imitate the pronunciation of the speakers.

LA ROPA *CLOTHING*

la blusa	_____
la camisa	*shirt*
la falda	*skirt*
el vestido	*dress*
la chaqueta	_____
los pantalones	*trousers*
el suéter	_____
los zapatos	*shoes*

LOS COLORES *COLOURS*

blanco/blanca	*white*
negro/negra	_____
amarillo/amarilla	*yellow*
rosado/rosada	_____
café *or* marrón	*brown*
verde	*green*
gris	_____
azul	*blue*

NEW EXPRESSIONS

¿Cuánto cuesta/cuestan?	*How much does it/do they cost?*
¿Tiene la talla ...?	*Do you have size ...?*
Las tengo en blanco.	*I have them in white.*
¿Me la puedo probar?	*May I try it on?*
El probador está allá.	*The fitting room is over there.*
¿Cómo le queda?	*How does it fit you?*
Me queda grande.	*It's too big for me.*
¿Tiene una más pequeña?	*Do you have a smaller one?*
Esta me queda bien.	*This fits me.*

> **LANGUAGE TIP**
> Other words for jacket are **el saco**, **la chamarra** (Mexico).

Conversation

 03.02 *Emilia goes into a shop to buy some clothes.*

1 What does she want to buy?

Emilia	Por favor, ¿cuánto cuesta esa blusa?
Vendedora	Trescientos sesenta pesos.
Emilia	¿Tiene la talla treinta y ocho?
Vendedora	¿Qué color quiere? Las tengo en blanco, rojo y azul.
Emilia	Quiero una blanca.
Vendedora	Sí, aquí tengo una.
Emilia	¿Me la puedo probar?
Vendedora	Sí, claro, el probador está allá. *(Later)* ¿Cómo le queda?
Emilia	Me queda grande. ¿Tiene una más pequeña?
Vendedora	Sí, aquí tiene una en la talla treinta y seis.
(Emilia tries it on.)	
Emilia	Esta me queda bien.
Vendedora	Sí, esa le queda muy bien. ¿Algo más?
Emilia	Sí, quiero unos pantalones negros. ¿Cuánto cuestan esos?

2 What do you think? Read the conversation and answer the questions.

a What colours does the blouse come in?

b Does the first blouse that Emilia tries on fit her?

c What else does she want to buy?

3 Find the expressions in the conversation that mean:

a How much is that blouse?

b How much are those?

c Do you have size 38?

d This fits me well.

e That one fits you very well.

> **LANGUAGE TIP**
> For trousers use **los pantalones** or **el pantalón**.

4 Match the questions and answers.

a	¿Qué color quiere?	1	Me queda grande.
b	¿Me la puedo probar?	2	Quiero una blanca.
c	¿Cómo le queda?	3	El probador está allá.
d	¿Tiene una más pequeña?	4	Quiero unos pantalones negros.
e	¿Algo más?	5	Aquí tiene una en la talla 36.

Language discovery

What do you think **la** and **las** mean in **¿Me la puedo probar?** and **Las tengo en blanco** ...?

In Spanish, as in English, you use words like *it, them,* to avoid repetitions. **La** (*it*) stands for **la blusa**, which is feminine, while **las** (*them*), stands for **las blusas**, plural. For masculine nouns, use **lo** for singular and **los** for plural.

> **LANGUAGE TIP**
> Note the different word order in Spanish and English in **¿Me lo puedo probar?** *May I try it on?*

Learn more

▶ To talk about how clothes fit Spanish uses the verb **quedar** (*to fit*). Note the words that indicate which person the item fits:
  ▷ **¿Cómo le queda la blusa?** (**le** – *you*)
  ▷ **Me queda grande.** (**me** – *for me*)

AHORA TÚ

Give the Spanish for *How does the shirt fit you? It fits me.*

▶ Colours agree in gender and number with the noun they qualify, but those which are names of things (**café** *brown*, **naranja** *orange*) do not change. Words for colour that end in **-e** or a consonant only agree in number:

el sombrero negro	**los sombreros negros**
la falda blanca	**las faldas blancas**
el suéter verde	**los suéteres verdes**
el vestido gris	**los vestidos grises**

AHORA TÚ

Fill in the endings in each colour:

la chaqueta negr _____; **los pantalones blanc** _____

▶ Some Spanish verbs, like **costar** (*to cost*), **poder** (*may/can*) **querer** (*to want*), undergo a vowel change in certain forms:

querer	poder	costar
yo quiero	yo puedo	Esto cuesta
tú quieres	tú puedes	Esas cuestan
él quiere	ella puede	

AHORA TÚ

Give the correct form for the verbs in brackets:

Carlos _____ (querer) una camisa amarilla; ¿Me la _____ (poder) probar?

 Can you find the words for *that* and *those* in the conversation?
In Unit 1 you learned to use **este** and **esta** *this (m/f)*. Here is the complete set of these words.

masculine			feminine		
este	cinturón	*this belt*	**esta**	corbata	*this tie*
estos	calcetines	*these socks*	**estas**	zapatillas	*these trainers*
ese	abrigo	*that coat*	**esa**	bufanda	*that scarf*
esos	guantes	*those gloves*	**esas**	camisetas	*those T-shirts*

AHORA TÚ

Give the Spanish for the words in brackets:

(*this*) **vestido**; (*that*) **shirt**; (*these*) **shoes**; (*those*) **socks**

 ### PRACTICE

1 Give the Spanish for each of the following.
   a May I try on that blue shirt?
   b May I try on this red sweater?
   c May I try on those brown shoes?
   d May I try on that white skirt?

2 Replace the words in italics by lo, la, los or las. Watch the word order.
   a ¿Me puedo probar *esos pantalones*?   ¿Me los puedo probar?
   b ¿Me puedo probar *esa chaqueta gris*?
   c ¿Me puedo probar *este vestido*?
   d ¿Me puedo probar *estas botas negras*?

Speaking

You see a blouse/shirt in a shop window and go in to ask about it.

a Ask how much that blouse/shirt costs.

b Ask the shop assistant if he/she has it in yellow.

c Ask if he/she has size (your size)

d Ask if you can try it on.

> **LANGUAGE TIP**
> To ask for something bigger, shorter, etc. use **¿Tiene uno/una más...?**
> **grande/pequeño(a)** *bigger/smaller*
> **corto(a)/largo(a)** *shorter/longer*
> **barato(a)** *cheaper*

 # Listen and understand

1 03.03 **Listen to and repeat these numbers trying to imitate the pronunciation of the speakers.**

100	**cien**	710	**setecientos diez**
120	**ciento veinte**	890	**ochocientos noventa**
200	**doscientos**	900	**nóvecientos**
300	**trescientos**	1000	**mil**
450	**cuatrocientos cincuenta**	1600	**mil seiscientos**
580	**quinientos ochenta**	1000 000	**un millón**

2 03.04 **Listen and fill in the price for each of the following.**

a unas botas _____

b una camisa _____

c un vestido rojo _____

d unos zapatos negros _____

e una blusa amarilla _____

f una chaqueta azul _____

3 03.05 **Listen and complete the sentences with what you hear.**

a Este suéter _____. ¿Tiene _____?

b Esta falda _____. ¿Tiene _____?

c Estas botas _____. ¿Tiene _____?

d Estos pantalones _____. ¿Tiene _____?

4 03.06 **During a visit to South America Agustín decides to buy himself some shoes. Listen, then answer the questions.**

a What colour shoes does Agustín want?

b How much are the shoes he wants?

c What size does he ask for?

d Why doesn't he buy them?

e How well does the second pair of shoes fit him?

> **LANGUAGE TIP**
> For shoe sizes, use **el número** instead of **la talla** for clothing.

Conversation

 03.07 *During a visit to a Latin American handicrafts market John bargains for some souvenirs.*

1 What does he want to buy? Listen and find out.

John	Por favor, ¿qué precio tiene ese plato de cerámica? El rojo.
Vendedora	Doscientos cincuenta pesos.
John	¿Puede repetir? No entiendo.
Vendedora	Doscientos cincuenta pesos.
John	Es un poco caro. ¿Tiene uno más barato?
Vendedora	Tengo este verde a ciento noventa pesos.
John	¿Es un plato para la comida?
Vendedora	No señor, es un plato decorativo.
John	¿Cuál es el último precio?
Vendedora	Ciento cincuenta.
John	Bueno, lo llevo.
Vendedora	¿Algo más?
John	Esa billetera negra, ¿es de cuero?
Vendedora	Sí, es de cuero.

2 Find the expressions in the conversation that mean the following:

a What's the price?

b It's a little expensive.

c Can you repeat?

d Do you have a cheaper one?

e Is it leather?

> **LANGUAGE TIP**
> Note: **No entiendo** (*I don't understand*) and **Me lo llevo**
> (*I'll take it.*)

Language discovery

What phrase is used for *a ceramic plate*? In Spanish you say **un plato de cerámica** to indicate what it's made of. What is the expression for *a wallet of leather*?

If the item has a specific purpose use the word **para** instead of **de**: **un plato para la comida** *a food-serving plate*.

PRACTICE

1 Match each item below with an appropriate phrase.

a	un collar	**1**	de cerámica
b	un poncho	**2**	de madera
c	una jarra	**3**	para (el) sol/de sol
d	una escultura	**4**	de lana
e	unos lentes/anteojos	**5**	de plata

2 Complete each sentence with the correct word.

a ¿Qué precio/talla tiene este collar de plata?

b ¿Puede repetir/probar por favor? No entiendo.

c Es cara. ¿Tiene una más grande/barata?

d ¿Cuál es el último/cara precio?

3 In each line there is a word that doesn't belong. Can you find it?

a la chaqueta, la maleta, los calcetines, la falda

b las toallas, los zapatos, los guantes, las zapatillas

c la cerámica, la madera, la lana, la camiseta

4 03.08 **Is spoken Spanish too fast for you? Listen to these useful expressions and try to imitate the pronunciation of the speaker.**

a No hablo muy bien español.   **d** Lo siento, no entiendo.

b ¿Habla usted inglés?   **e** ¿Puede repetir?

c ¿Puede hablar más despacio?   **f** ¿Qué significa?

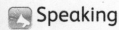

Speaking

Play the part of the customer in this conversation.

You	*How much are the belts?*
Vendedor	Estos cuestan ciento treinta pesos.
You	*Sorry, I don't understand. Can you repeat, please?*
Vendedor	Ciento treinta pesos.
You	*Are they leather?*
Vendedor	Sí, son de cuero.
You	*Have you got a cheaper one?*
Vendedor	Para usted hay un veinte por ciento de descuento.
You	*Thank you. I'll take it.*

Reading

1 Read the advertisement. Can you figure out the meaning of the following words?

a el descuento
b la ropa de señoras/de caballeros
c los artículos de viaje

> **Almacenes Buendía**
>
> Sólo por esta semana, 30% de descuento en ropa de señoras y de caballeros. 20% de descuento en artículos de viaje y zapatería, y 10% en perfumería.

2 Now answer these questions.

a What items carry a 30 per cent discount?
b What discount is the store offering on travel goods and shoes?
c What could you buy at a 10 per cent discount?

Writing

> **LANGUAGE TIP**
> A *percentage* is **por ciento.**

Rearrange the words into sentences. Then practise the dialogue.

a ¿tiene / qué / gris / esa / precio / chaqueta?
b pesos / cincuenta / cuesta / seiscientos
c ¿tiene / talla / la / cuarenta?
d una / en / marrón / tengo
e ¿probar / la / puedo / me?

Go further

It is time to pay for all those goods you bought. Can you give the meaning of these expressions?

a pagar en efectivo   *to pay cash*

b pagar con cheque   _____

c pagar con tarjeta de crédito   _____

d pagar con dólares/euros   _____

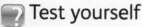

Test yourself

1 Say the following in Spanish.

a How much are those trousers? The grey ones.

b I want a size 44.

c May I try them on?

d These are too small for me. Do you have some larger ones?

e These fit me well. I'll take them.

2 03.09 Listen and make a note of the clothes Francisco and Ana are taking on their weekend away.

Francisco: _____

Ana: _____

3 03.10 Note in figures the numbers that you hear.

a _____   **c** _____   **e** _____   **g** _____

b _____   **d** _____   **f** _____   **h** _____

SELF CHECK

	I CAN...
○	... find out how much things cost.
○	... shop for clothes by size and colour.
○	... buy handicrafts.
○	... say numbers from 100 onwards.

Review

1 **At a party you and your friend Paul meet Clara. Complete the conversation using the informal tú.**

Clara	Hola, yo soy Clara Olmedo. ¿Cómo te llamas?
You	*My name is ... (your name). Pleased to meet you.*
Clara	Encantada.
You	*Where are you from?*
Clara	Soy mexicana, de Aguascalientes. ¿Y tú?
You	*I'm ... (your nationality). I'm from ...*
Clara	¿Hablas español?
You	*Yes, I speak Spanish, but not very well. Do you speak English?*
Clara	No, no hablo inglés. Sólo hablo español.
You	*Clara, this is my friend Paul. He's English.*

Points: ___ / 5

2 **What questions would you ask Miguel to get these replies? Use the formal usted and mind the verb forms.**

a ¿_____? – Me llamo Miguel Díaz Mora.

b ¿_____? – Soy de Venezuela.

c ¿_____? – Vivo en Caracas.

d ¿_____? – Soy actor. Trabajo en televisión.

e ¿_____? – Tengo treinta y ocho años.

Points: ___ / 5

3 R1.01 **What do these people do for a living and where do they work? Listen and answer.**

a Daniel: _____

b Daniel's wife: _____

c Patricia: _____

Points: ___ / 3

4 Complete the table with the missing forms and give a translation.

Masculine	Feminine	English
el hermano		
	la hija	
el padre		
	la mamá	
el esposo		

Points: ___ / 10

5 Complete the missing numbers in each series.

a dos, cuatro, _____, dieciséis, _____, sesenta y cuatro, _____.

b diez, _____, treinta, cuarenta, _____, sesenta, _____, ochenta.

c doce, veinticuatro, _____, noventa y seis, ciento noventa y dos, _____.

Points: ___ / 8

6 Clothes are cheap at your holiday destination, so you and your partner decide to buy a few things. Give the Spanish for:

a black trousers
b a white jacket
c a blue shirt
d a red skirt
e brown shoes
f a green dress

Points: ___ / 6

7 R1.02 How much do these things cost? Listen and make a note of the prices.

a un cinturón negro
b una billetera café
c un plato de cerámica

Points: ___ / 3

8 Whilst shopping for clothes you see a jumper that you like. How would you ask these questions in Spanish?

a How much is that jumper?
b Do you have a size 10?
c I want a green one.
d May I try it on?
e It's too big for me.

Points: ___ / 5

Total Points: ___ / 45

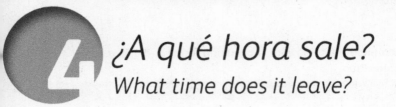

¿A qué hora sale?
What time does it leave?

In this unit you will learn how to:
▶ *ask for travel information.*
▶ *say the days of the week.*
▶ *confirm travel schedules.*
▶ *ask and tell the time.*

CEFR: (A1) *Can get simple information about travel using public transport; can indicate time.*

Travelling in Latin America

For long distance travel most Latin Americans prefer **el autobús** (*coach*), or **el bus** for short. A bus has different names depending on the country you're in: **el camión** in Mexico, **el ómnibus** or **el micro** in Argentina. Using **el tren** (*train*) is unusual in Latin America because there are few lines and they are generally poorly maintained. However, you can enjoy spectacular train rides, such as the **viaje turístico** (*tourist journey*) from Cusco to the ruins of Machu Picchu in **Perú** (*Peru*). To cross mountains and cover longer distances, there is always **el avión** (*aeroplane*).

A few capital cities, such as **la Ciudad de México** (*Mexico City*), Santiago de Chile and Buenos Aires, have **un metro** (*underground*). Argentinians call theirs **el subte**. Shared **taxis**, which have fixed routes, offer a cheap alternative when you wish to travel faster.

1 Which culture do you associate with Cuzco and Machu Picchu?
a los Aztecas, b los Incas, c los Mayas

Vocabulary builder

04.01 Look at the word list and complete the missing English expressions. Then listen and try to imitate the speakers.

LA HORA *THE TIME*

¿Qué hora es?	*What time is it?*
Es la una.	_____
Son las doce y cuarto.	*It's a quarter past twelve.*
Son las siete y media.	*It's half past seven.*
¿A qué hora?	*At what time?*
A la una menos cuarto.	*At a quarter to one.*
A las cinco menos veinte.	_____
A las seis y diez.	_____

TRANSPORTE *TRANSPORT*

el avión	_____
el vuelo	*flight*
el metro	_____
el boleto	*ticket*
el pasaje	*ticket, fare*
el viaje	_____

LOS DÍAS DE LA SEMANA *DAYS OF THE WEEK*

lunes	*Monday*
martes	*Tuesday*
miércoles	_____
jueves	*Thursday*
viernes	*Friday*
sábado	_____
domingo	*Sunday*

> **LANGUAGE TIP**
> In the Hispanic world the first day of the week is Monday and the days of the week are written in lower case.
> **el lunes** *on Monday*
> **el martes** *on Tuesday*

NEW EXPRESSIONS

Quiero dos boletos para ...	*I want two tickets for ...*
para el martes 15	*for Tuesday, the 15th.*
¿A qué hora sale?	*What time does it leave?*
el primer autobús	*the first bus*
Hay otro a las doce y cuarto.	*There's another one at 12.15.*
el autobús de las siete y media	*the 7.30 bus*
¿A qué hora llega?	*What time does it arrive?*
¿De ida o de ida y vuelta?	*Single or return?*

Conversation

 04.02 *Pat is buying a bus ticket to travel from Santiago, Chile, to Mendoza in Argentina.*

1 What day does Pat want to travel and at what time?

Pat	Quiero un boleto para Mendoza, por favor, para el martes quince.
Empleado	¿En la mañana o en la tarde?
Pat	En la mañana. ¿A qué hora sale el primer autobús?
Empleado	Sale de Santiago a las siete y media de la mañana. Hay otro a las doce y cuarto.
Pat	El autobús de las siete y media, ¿a qué hora llega a Mendoza?
Empleado	Llega a las tres de la tarde.
Pat	¿Cuánto cuesta el boleto?
Empleado	¿De ida o de ida y vuelta?
Pat	De ida.
Empleado	Veinticinco mil pesos.

2 Match the Spanish and the English.

a Quiero dos boletos.   1 the first bus
b ¿A qué hora sale?   2 How much is the ticket?
c ¿A qué hora llega?   3 What time does it leave?
d el primer autobús   4 Single or return?
e Hay otro.   5 I want two tickets.
f ¿Cuánto cuesta el boleto?   6 What time does it arrive?
g ¿De ida o de ida y vuelta?   7 There is another one.

3 What do you think? Read the conversation and answer the questions.
a On which day does Pat want to travel?
b At what time of day?
c What time does the first bus leave?
d What time does it arrive in Mendoza?
e How much is a single fare?

 4 04.03 Now listen to the conversation line by line and repeat.

Language discovery

Find the expressions in the dialogue which mean:

at what time ...?; at half past seven; at a quarter past twelve?

To ask about departure and arrival times Spanish uses the phrase **¿A qué hora ...?** To reply, use **a la ...** for one o'clock and **a las ...** for all other times.

¿A qué hora? *At what time?*

a la una	*at 1.00*	**a las dos**	*at 2.00*
a la una y diez	*at 1.10*	**a las tres menos cinco**	*at 2.55*
a la una y cuarto	*at 1.15*	**a las seis menos cuarto**	*at 5.45*
a la una y media	*at 1.30*	**a las ocho y media**	*at 8.30*

Official times are usually given using the 24-hour clock: **las trece treinta (horas)** for 13.30, **las catorce quince (horas)**, for 14.15, **las dieciséis cincuenta** for 16.50, and so on. Most of the time, people use the phrases **a las tres de la mañana/de la tarde**, **a las diez de la noche**, to differentiate between morning, afternoon and evening. In some countries like Mexico and Chile, times like 2.55, 5.45, are expressed as **cinco para las tres, un cuarto para las seis.**

Learn more

Find the expressions in the dialogue that mean:

It leaves (Santiago); It arrives in (Mendoza).

llegar *(to arrive)* and salir *(to leave)*		
yo	llego	salgo
tú	llegas	*sales*
él, ella, usted	llega	*sale*

El avión sale de Londres a las 5.00 y llega a París a las 7.00.

The plane leaves London at 5.00 and arrives in Paris at 7.00.

Llegar *(to arrive)*, is a regular **-ar** verb, like **hablar** and **estudiar: llego, llegas, llega.**

Except for the **yo** *I* form, the present tense of **salir** *(to leave)*, follows the pattern of **-er** verbs: **salgo, sales, sale.**

 What Spanish words mean *for, in, at* **in these phrases? un boleto para Mendoza; para el domingo; en la mañana/tarde; a las 7.40 de la mañana**

AHORA TÚ

Complete the expression with the right words:

Un boleto _____ Cali _____ el lunes _____ las 3.00 _____ la tarde.

PRACTICE

1 **Say the following times using the 12-hour clock.**
   a El avión sale _____ (10.50) y llega _____ (14.30).
   b El autobús sale _____ (8.15) y llega _____ (18.20).
   c El tren sale de Santiago _____ (17.00) y llega a Chillán _____ (21.40).

2 **Give the Spanish for the following.**
   a What time does the flight leave Madrid?
   b It leaves Madrid on Thursday, at 11.30 p.m.
   c It arrives in Buenos Aires on Friday, at 7.00 in the morning.

3 **Complete the dialogue with the missing words.**

   Turista   Quiero un boleto de _____ y vuelta _____
                   Bogotá _____ el domingo 25.

   Empleado   ¿_____ la mañana o _____ la tarde?

   Turista   Quiero uno para las 4.00 o 5.00 _____ la tarde.

4 **In travel information, days of the week often appear in abbreviated form. Give the full form for the days listed in this timetable.**

Salidas:	Lu, Mi, Vi	10.30
Llegadas:	Ma, Ju, Sa	18.40

Speaking

You are travelling from Buenos Aires to Bariloche in Patagonia.
   a Say you want a ticket for Bariloche for Sunday morning.
   b Ask what time the first bus (**el micro** in Argentina) leaves.
   c Ask what time it arrives in Bariloche.
   d Say you want a return ticket, and ask how much it costs.

🐘 Listen and understand

1 04.04 **Listen and choose the time you hear.**

   a 7.40 / 8.20   **d** 14.30 / 16.50

   b 10.25 / 9.35   **e** 18.05 / 21.55

   c 12.45 / 1.15   **f** 22.15 / 15.20

2 04.05 **Víctor is making enquiries for flying between Lima and Cuzco, in Peru. Listen and answer the questions.**

   a Does he want single or return tickets?

   b How much is the fare?

   c What time does the first flight (**el vuelo**) leave?

   d What time is the second flight?

   e What time does it arrive in Cusco?

3 04.06 **Listen and complete the missing words.**

   a Quiero un boleto _____ San Bernardo, _____ el jueves en la _____.

> **LANGUAGE TIP**
> To say *plane ticket*, use **un pasaje**.

   b ¿A qué hora _____ trenes?

   c _____ uno a las dos y media y _____ a las seis y veinte.

   d El tren _____ las dos y media, ¿A qué hora _____ a San Fernando?

   e _____ a las cuatro _____ diez.

4 04.07 **Listen and try imitating the speakers as you hear them.**

   a viernes / el viernes, sábado / el sábado, veintinueve / el veintinueve

   b un boleto de ida y vuelta para el jueves veinte

   c el vuelo de las nueve y veinticinco para Venezuela

   d Por favor, ¿el autobús para San Vicente?

> **LANGUAGE TIP**
> Spanish does not make a distinction in pronunciation between **b** and **v**. In initial position and after **n** both are pronounced with the lips closed. In other positions the lips are slightly apart.

> **LANGUAGE TIP**
> To distinguish between **b** and **v** in spelling, Latin Americans use phrases like **'b' alta o 'v' baja** (*tall 'b' or short 'v'*). You may also clarify by asking **'b' de Brasil o 'v' de Venezuela?**

Conversation

04.08 *Barbara, from London, is visiting her friend Pablo in Mexico City. She phones him to confirm her arrival. Listen and answer the question.*

1 What time is it in Mexico now? And in London?

Pablo	¿Bueno?
Bárbara	Hola Pablo, soy Bárbara.
Pablo	Bárbara, ¡qué sorpresa! ¿Cómo estás?
Bárbara	Muy bien, gracias, Pablo. Mira, llamo para confirmar mi viaje a México.
Pablo	¿Cuándo viajas?
Bárbara	Viajo el sábado. Salgo a medianoche.
Pablo	¿A qué hora llegas?
Bárbara	Llego el domingo a las seis de la mañana, hora de México. ¿Qué hora es allá?
Pablo	Son las nueve y diez de la mañana.
Bárbara	En Londres son las tres y diez de la tarde.

2 Which expressions from the dialogue mean the following?

a What time is it there?

b I'm calling to confirm my trip.

c It's ten past nine in the morning.

d What a surprise!

e When are you travelling?

f I'm leaving at midnight.

> **SAYING HELLO ON THE PHONE**
> ¿Aló? (most countries)
> ¿Bueno? (Mexico)
> ¿Hola? (Argentina)

Language discovery

What is the Spanish for *What time is it?* **And for** *It's ten past three?*

▶ The key question is **¿Qué hora es?** When telling the time use **es** for one o'clock and **son** for all other times: **Es la una menos cuarto, Es la una y media, Son las tres y diez, Son las cinco y cinco.**

Learn more

▶ For scheduled events and travel plans, Spanish normally uses the simple present: **Viajo mañana** (*I'm travelling tomorrow*). The present is also used for actions which are happening at the moment of speaking: **Llamo para confirmar** (*I'm calling to confirm*).

PRACTICE

1 **¿Qué hora es? Tell the time using the following:**

a 12.50	**d** 4.15	**g** 7.05
b 1.25	**e** 5.40	**h** 9.45
c 2.30	**f** 6.00	

2 **You phone Marcela, a Mexican business associate, to confirm travel arrangements. Complete the dialogue with questions using Ud.**

You	_____
Marcela	Viajo el lunes próximo.
You	_____
Marcela	Salgo a las 11.30 de la noche.
You	_____
Marcela	Llego a las 5.15 de la tarde, hora de Londres.

3 **Complete the sentences with the correct form of the verbs in brackets.**

a Carlos _____ (viajar) a Madrid el martes 18.

b ¿Cuándo _____ (viajar) tú?

c Él _____ (salir) de Buenos Aires a las 5.00 de la tarde y _____ (llegar) a Madrid el miércoles a las 7.30.

d Yo _____ (salir) a las 10.00. ¿A qué hora _____ (salir) tú?

e ¿A qué hora _____ (llegar) tú?

4 **04.09 Your Colombian friend Amanda has left a message on your phone confirming her arrival. Listen and complete her flight details.**

Leaving Bogotá:	Day _____	Time _____
Arriving:	Day _____	Time _____
Flight number:	LAT _____	

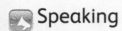 Speaking

You want to travel from **Quito** to **Cuenca** in Ecuador. Use the guidelines to speak to the travel agent.

You	*Good morning. I want to travel to Cuenca.*
Agente	¿Cuándo quiere viajar?
You	*On Thursday. Is there a flight in the morning?*
Agente	Hay un vuelo a las 7.05 y otro a las 11.15.
You	*How much is the return fare?*
Agente	Ciento cuarenta dólares.
You	*Very well. I want a ticket for the five past seven flight. What time does it arrive in Cuenca?*
Agente	A las siete y media. Es un vuelo de veinticinco minutos.

Reading and writing

1 **Read the email your Peruvian friend Alfonso sent you about his next holiday in Cuba. First, match the Spanish and the English.**

a	porque …	**1**	*all meals*
b	Saludos	**2**	*it includes …*
c	incluye …	**3**	*because*
d	todas las comidas	**4**	*Best wishes*

Now answer these questions.

e How long will Alfonso be staying in Cuba?

f When is he leaving Lima?

g What does the holiday programme include?

Hola:

¿Qué tal estás? Yo, muy contento porque la semana próxima viajo a Cuba por seis días. Salgo de Lima el viernes a las 7.00 de la mañana. El programa incluye tres días en La Habana y tres días en Varadero en hoteles con todas las comidas.

Saludos

Alfonso

 2 **Use Alfonso's email as a model to write about your next holiday.**

Go further

Here are some useful phrases related to time. Match the Spanish and the English.

a	hoy	**1**	at midday on Tuesday
b	a eso de las diez y media	**2**	on Friday afternoon
c	mañana en la mañana	**3**	at two o'clock sharp
d	pasado mañana	**4**	about half past ten
e	el martes a mediodía	**5**	the day after tomorrow
f	el viernes en la tarde	**6**	today
g	a las dos en punto	**7**	tomorrow morning

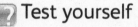

Test yourself

1 **¿Qué hora es? Tell the time using the following.**

a	7.10	**c**	10.20	**e**	4.30	**g**	9.50
b	8.35	**d**	1.15	**f**	6.00	**h**	11.45

2 **Complete the sentences with the missing words.**

  a Quiero un boleto de _____ y vuelta _____ Veracruz _____ el martes _____ la tarde.

  b El vuelo sale _____ Madrid _____ las 11.30 _____ la noche y llega _____ Santiago _____ la mañana.

3 04.10 **Listen to a tourist requesting travel information. Then answer the questions.**

  a What time of day does the tourist want to travel?

  b What are the departure times?

  c What time does the second bus arrive in San Rafael?

SELF CHECK	
I CAN. . .	
⬤	. . . ask for travel information.
⬤	. . . say the days of the week.
⬤	. . . confirm travel plans.
⬤	. . . ask and tell the time.

5 En el hotel
At the hotel

In this unit you will learn how to:
▶ *make a hotel booking.*
▶ *spell your name.*
▶ *give your telephone number.*
▶ *say the months of the year.*

CEFR: (A1) *Can make simple arrangements about places to stay; can spell his/her name and give his/her telephone number; can handle dates.*

 ## Somewhere to stay

Choice of **el alojamiento** (*accommodation*) in Latin America varies enormously, from **hoteles de cinco estrellas** (*five-star hotels*) to **hostales** (*hostels*), or family-run **pensiones** (*boarding houses*).

Hotels in large cities aren't much different than in Europe or the United States. But away from major tourist and business centres, there are often no fixed standards. So you may want to ask **¿Tiene baño la habitación?** (*Does the room have a bathroom?*), **¿Tiene aire acondicionado/calefacción?** (*Does it have air conditioning/heating?*), **¿Tiene servicio de internet?** (*Does it have internet service?*), or even **¿Puedo ver la habitación?** (*May I see the room?*).

Most establishments include **el desayuno** (*breakfast*), but if unsure you can always ask **¿Está incluido el desayuno?** (*Is breakfast included?*). In small towns it is not unusual for places to offer special rates which include **la media pensión** (*half board*) or **la pensión completa** (*full board*).

 What three types of accommodation are mentioned in the article?

Vocabulary builder

05.01 Read the expressions and fill in the missing English words. Then listen to the audio and try to imitate the speaker.

ALOJAMIENTO *ACCOMMODATION*

reservar	to _____
una reserva	_____
habitación	a room
una habitación doble	_____
una habitación individual	_____
con baño	with bath
sin baño	with no bath
con desayuno	with breakfast
sin desayuno	_____

LOS MESES *THE MONTHS*

enero	*January*	julio	_____
febrero	_____	agosto	_____
marzo	_____	septiembre	_____
abril	_____	octubre	_____
mayo	_____	noviembre	_____
junio	_____	diciembre	_____

> **LANGUAGE TIP**
> In Spanish, months are written in lower case.

NEW EXPRESSIONS

Quisiera reservar una habitación...	*I'd like to book a room...*
... para el veintinueve de octubre.	*... for 29th October.*
¿Para cuántas noches?	*For how many nights?*
El desayuno está incluido.	*Breakfast is included.*
¿Cuál es su nombre?	*What is your name?*
¿Cómo se escribe su apellido?	*How do you spell your surname?*
¿Cuál es su número de teléfono?	*What's your telephone number?*
¿Cuál es su correo electrónico?	*What's your email?*

> **LANGUAGE TIP**
> **El correo electrónico** is also called **el email** or **el mail**.

Conversation

 05.02 *Helen Martin phones a hotel in Mexico to book a room.*

1 How many nights does she wish to stay?

Recepcionista	Hotel Plaza, buenos días.
Señora	Buenos días. Quisiera reservar una habitación para el veintinueve de octubre.
Recepcionista	¿Una habitación doble?
Señora	No, una habitación individual, con baño.
Recepcionista	¿Para cuántas noches?
Señora	Para cinco noches. ¿Cuánto cuesta la habitación?
Recepcionista	Ochocientos noventa pesos por noche. El desayuno está incluido.
Señora	Muy bien.
Recepcionista	¿Cuál es su nombre?
Señora	Helen Martin.
Recepcionista	¿Cómo se escribe su apellido, por favor?
Señora	Se escribe m-a-r-t-i-n, Martin.
Recepcionista	Gracias. ¿Cuál es su número de teléfono?
Señora	212 536 4175, de Nueva York.

2 Match the questions and answers.

a ¿Una habitación doble?   1 Ochocientos noventa pesos.
b ¿Para cuántas noches?   2 No, individual.
c ¿Cuánto cuesta la habitación?   3 M-a-r-t-i-n.
d ¿Cómo se escribe?   4 Para cinco noches.

3 Read the conversation and answer the following questions.

a What type of room does Helen want?
b How much is the room per night?
c Is breakfast included?

> **LANGUAGE TIP**
>
> To ask for someone's mobile number, use: **¿Cuál es su número de celular?**
> Telephone numbers in Spanish are given in single or double digits, or a combination of both.

Language discovery

What question word is used in the conversation to mean:
   a What's your name?
   b What's your telephone number?

What is ...? is translated as **¿Cuál + es?**, unless a definition is called for: *What's this?* **¿Qué es esto?**, but **¿Cuál es su apellido?** *What's your surname?* **¿Cuál es su (número de) celular?** *What's your mobile number?*

Learn more

▶ To ask someone how to spell a word, use the phrase **¿Cómo se escribe?** This is a useful construction to know, as you can also use it in **¿Cómo se pronuncia?** *How do you pronounce it?*, or **¿Cómo se dice?** *How do you say it?*

AHORA TÚ

Complete these phrases with the correct verb:

¿Cómo se _____ su apellido, con 'h' o sin 'h'?

¿Cómo se _____ *accommodation* en español?

AHORA TÚ

Fill in the correct words:

Quisiera reservar una habitación _____ el 5 de mayo _____ dos noches.

¿Cuánto cuesta _____ noche?

 PRACTICE

1 How would you say the following in Spanish?
   a What's your surname?
   b What's your telephone number?
   c What's your email?

LANGUAGE TIP
Some key verbs:
escribir (*to write*)
decir (*to say*)
pronunciar (*to pronounce*)

---

2 Give the Spanish for the following dates.

   a 15 June
   b 7 March
   c 21 December

3 Fill in each blank with an appropriate word.

   a Quisiera reservar una habitación _____ el 10 _____
         septiembre.
   b ¿Necesita una habitación individual o _____?
   c ¿ _____ cuántas noches?
   d ¿Cuánto cuesta _____ noche?
   e ¿El desayuno _____ incluido?

> **LANGUAGE TIP**
> **Quisiera** (*I would like*) is more formal and polite than
> **quiero** (*I want*).

> **LANGUAGE TIP**
> **Quisiera confirmar mi reserva (con tarjeta).** *I'd like to
> confirm my reservation (with a credit card).*

 # Speaking

Answer these questions about yourself.

   a ¿Cómo se escribe su apellido?
   b ¿Cómo se pronuncia?
   c ¿Cuál es su número de teléfono?
   d ¿Cuál es el número de su celular?

Listen and understand

1 05.03 **Listen and make a note of the telephone numbers you hear.**

LANGUAGE TIP
la casa (*house*)
la oficina (*office*)
la extensión (*phone extension*)

   a Tel. _____
   b Tel. _____
   c Tel. _____, extensión _____

2 05.04 **Listen to three people spelling their surnames and then write them down. Refer to the alphabet in the Pronunciation Guide at the beginning of this book.**

   a _____
   b _____
   c _____

3 05.05 **Listen to a phone conversation between a hotel receptionist and Mario Salas Torres. Note the information you hear.**

   a **Tipo de habitación** (type of room) _____
   b **Fecha de llegada** (arrival date) _____
   c **Fecha de salida** (departure date) _____
   d **Precio** (price) _____

 4 05.06 **Repeat the phrases as you hear them, trying to imitate the pronunciation of the speakers.**

LANGUAGE TIP
In Spanish almost every letter is pronounced, exceptions being **h** and **u** in the combination **qui, que** and **gui, gue**.

   a Hostal Querétaro, buenos días.
   b Buenos días, quisiera reservar una habitación.
   c ¿Para qué día?
   d Para el día quince de junio.
   e ¿A qué nombre?
   f A nombre de Guillermo Guevara.

Conversation

 05.07 *At the Hotel Victoria in Buenos Aires, the receptionist is busy attending to some new arrivals.*

1 Is the hotel booked up? How can you tell?

Señora	Buenas noches. Tengo una habitación reservada. Es una habitación doble para mí y para mi hija.
Recepcionista	¿A qué nombre?
Señora	A nombre de Carmen García.
Recepcionista	Sí, aquí está su reserva. ¿Podría firmar aquí, por favor? Gracias. Tienen la habitación quinientos tres. Aquí está su llave.
Señora	Gracias.
Señor	Perdone, ¿tiene una habitación libre para hoy?
Recepcionista	No, lo siento, el hotel está completo.

2 Match the Spanish and the English in these phrases from the conversation.

a Tengo una habitación reservada.　　**1** In what name?

b Para mí y para mi hija.　　**2** The hotel is full.

c ¿A qué nombre?　　**3** For me and my daughter

d ¿Podría firmar aquí?　　**5** I have a room booked.

e El hotel está completo.　　**6** Could you sign here?

Language discovery

What is the Spanish for the following in the conversation?

a Here is your key.

b The hotel is full.

Aquí está su pasaporte.　　*Here's your passport.*

La habitación está ocupada.　　*The room is taken.*

> **LANGUAGE TIP**
> The key verb in both sentences is **estar** (*to be*).

50

Learn more

Words like **reservado, completo, incluido** agree with the noun they qualify: **dos habitaciones reservadas, la pensión está completa, el desayuno está incluido**.

AHORA TÚ

Give the Spanish for the words in brackets:

El vuelo está _____ (*booked*). **La cafetería está** _____ (*full*).

PRACTICE

1 Complete the sentences with the correct verb: tener, ser or estar.

  a Yo _____ una habitación reservada.

  b ¿Cuál _____ su nombre?

  c ¿ _____ una habitación libre?

  d La pensión _____ completa.

2 Complete the words in italics with the correct ending.

  a Las comidas están *incluid* _____.

  b El teléfono está *ocupad* _____. (*engaged*)

  c La recepcionista está *ocupad* _____. (*busy*)

3 Complete these phrases with para or por.

  a Quisiera una habitación _____ mi y _____ mis hijos.

  b _____ el miércoles 16 de abril, _____ cinco noches.

  c ¿Cuánto cuesta _____ noche?

4 05.08 Listen to Sofía Morales as she makes a hotel booking. Then decide if the statements are true (T) or False (F).

  a Sofía books a room for 30 September.

  b She books a single room for four nights.

  c The room is five hundred and eighty pesos.

  d Breakfast is included.

LANGUAGE TIP

Accents can change the meaning of words: compare **mí** (*me*) and **mi** (*my*).

Speaking

You and your partner want to spend a week in Mexico. Use what you know to speak to the hotel receptionist.

a Ask if they have a double room for 27 June, for a week.
b Ask how much the room costs.
c Ask if breakfast is included.
d Spell your surname.

Reading

 1 **Read this description of a hotel in Antigua, Guatemala. First, match the Spanish and the English.**

  a la caja de seguridad   1 swimming pool
  b la lavandería   2 safe-deposit box
  c la piscina   3 laundry service

Now answer these questions.

  d Where is the hotel located?
  e What amenities can you find in the rooms?
  f What other services does the hotel offer?

Hotel Quetzal, Antigua, Guatemala

Situado en el centro de Antigua, el Hotel Quetzal es un hotel de primera clase. Habitaciones con baño privado, teléfono, televisión por cable y caja de seguridad. El hotel tiene acceso a internet, lavandería, bar, cafetería y piscina. Visita el sitio web www.hotelesquetzal.com

---

Go further

Here are some common problems you might encounter in a hotel. Fill in the missing English meanings.

   a No hay toallas.   *There are no towels.*
   b No hay papel higiénico.   _____
   c No hay acceso a internet.   _____
   d La calefacción no funciona.   *The heating doesn't work.*
   e El aire acondicionado no funciona   _____

Test yourself

1   05.09 **Listen and note the booking information you hear.**
   a Nombre _____
   b Número de teléfono _____
   c Tipo de habitación _____
   d Fecha de llegada _____
   e Número de noches _____

2   **What questions would you ask to get these replies?**
   a No, el hotel está completo.
   b No, quiero una doble.
   c La doble cuesta mil doscientos pesos.
   d Se escribe R-o-b-e-r-t-s, Roberts.

SELF CHECK

	I CAN...
○	... make a hotel booking.
○	... spell my name.
○	... give my telephone number.
○	... say the months of the year.

6 ¿Dónde está?
Where is it?

In this unit you will learn how to:
▶ *ask for and give directions.*
▶ *ask and say how far a place is.*
▶ *give your address.*
▶ *ask how to get somewhere by public transport.*

CEFR: (A1) *Can ask for and give directions; can get simple information about travel using public transport; can give his/her address.*

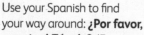 Getting around the city

Any trip to **la Ciudad de México** *(Mexico City)* starts on the Zócalo, a large **plaza** *(square)* surrounded by **edificios históricos** *(historical buildings)*. The city offers beautiful **avenidas** *(avenues)* and fascinating **museos** *(museums)*.

Use your Spanish to find your way around: **¿Por favor, para ir al Zócalo?** *(Excuse me. How do I go to the Zócalo?)*, **¿Dónde está la catedral?** *(Where is the cathedral?)*, **¿Está lejos?** *(Is it far?)* are useful questions to know. If you need a tourist office, then **¿Hay una oficina de turismo por aquí?** *(Is there a tourist office nearby?)* will help you find one.

And here is a sample of the answers you may get: **Está al final de esta calle** *(It's at the end of this street)*, **Está a la izquierda/derecha** *(It's on the left/right)* or **Sí, hay una a dos cuadras de aquí** *(Yes, there's one two blocks from here)*.

 What words in the text mean *far, street, left, right,* and *city block*?

Vocabulary builder

06.01 Look at the words and phrases and complete the missing English expressions. Then listen to the words and try to imitate the speakers.

INDICACIONES *DIRECTIONS*

¿Hay ...?	_____
hay ...	*there is, there are*
¿Dónde está?	*Where is it?*
¿Dónde están?	_____
¿Está cerca?	*Is it near?*
¿Está lejos?	*Is it far?*
a la izquierda	*on the left*
a la derecha	_____

EN LA CIUDAD *AROUND TOWN*

el banco	_____
la farmacia	*chemist's*
la oficina de turismo	_____
el museo	_____
la catedral	_____
el cine	_____
la terminal de autobuses	_____
una cuadra	*a city block*

> **LANGUAGE TIP**
> To ask for the toilets in a public establishment, you can say **¿Dónde están los servicios?**

NEW EXPRESSIONS

¿Hay un parque por aquí?	*Is there a park nearby?*
¿Para ir a ...?	*How do I get to ...?*
frente a ...	*opposite ...*
al lado de ...	*next to ...*
al final de ...	*at the end of ...*
Sigue derecho.	*Carry straight on.*
Toma la tercera calle.	*Take the third street.*
Dobla a ...	*Turn ...*
en la esquina	*on the corner*
hasta la plaza	*as far as the square*

Conversation

 06.02 *Julia, from Colombia, is trying to find her way in a Mexican town. Listen and answer the question.*

1 How many places is she trying to find?

Julia	Perdone, ¿hay un banco por aquí?
Recepcionista	Sí, hay dos en la calle Morelia. Uno frente al mercado y otro al final de la calle.
Julia	¿Y para ir a la calle Morelia?
Recepcionista	Sigue derecho por esta calle y toma la tercera calle a la izquierda.
Julia	Gracias. ¿Y dónde está el museo?
Recepcionista	Está en la Plaza Juárez, al lado del cine.
Julia	¿Está lejos?
Recepcionista	No, está cerca, a cinco minutos de aquí. Dobla a la derecha en la esquina y sigue hasta la plaza.
Julia	Muchas gracias.

2 Match the Spanish and the English.

a	¿Hay un banco por aquí?	**1**	Where is it?
b	Hay dos.	**2**	Is it far?
c	¿Dónde está?	**3**	There are two.
d	Está al lado del cine.	**4**	It's near.
e	¿Está lejos?	**5**	Is there a bank near?
f	Está cerca.	**6**	It's next to the cinema.

3 Read the conversation and answer the questions.

  a What's at the end of Morelia Street?
  b What's next to the cinema?
  c How far is the museum?
  d How do you get to the museum?

> **LANGUAGE TIP**
> In some countries, **doblar** (*to turn*) is **girar** or **voltear**.

Language discovery

Find the Spanish for the following in the conversation:

a Is there a bank …? There are two.
b Where is the museum? It is in …

To say *Is/are there…?, There is /are …* use **hay**:

¿Hay un supermercado por aquí?	*Is there a supermarket nearby?*
Hay dos.	*There are two.*

When speaking about location, use **está** for singular and **están** for plural:

¿Dónde está la plaza?	*Where is the square?*
Los servicios están al lado del bar.	*The toilets are next to the bar.*

Learn more

▶ To say how far a place is use **a** followed by the distance.

Está a dos cuadras de aquí.	*It is two blocks from here.*

▶ To give an approximate distance use **a + unos, unas:**

a unas dos horas	*about two hours away*
a unos cien kilómetros de …	*about a hundred kilometres from …*

> **AHORA TÚ**
> Give the Spanish for: *It's about five blocks from here*; and *It's some two hundred kilometres from Bogotá.*

▶ To give directions you can use the present tense:

Sigue derecho.	*Carry straight on.*
Toma la segunda calle.	*Take the second street.*
Dobla a la izquierda.	*Turn left.*

> **AHORA TÚ**
> Give the Spanish for: *Take the third street. Turn right.*

▶ To say *the first/second street, etc.* use the following words, which agree in gender and number with the noun they qualify: **primero/a** (*first*), **segundo/a** (*second*), **tercero/a** (*third*), **cuarto/a** (*fourth*), **quinto/a** (*fifth*). Before a masculine singular noun **primero** and **tercero** lose the final **-o**: **la primera calle** (*the first street*), **el primer/tercer semáforo** (*the first/third traffic light*), **el segundo piso** (*the second floor*).

AHORA TÚ

Give the Spanish for: *the second traffic light; the first corner.*

PRACTICE

1 Complete the sentences with hay, está or están.

a ¿_____ una farmacia por aquí?

b En esta calle no _____ restaurantes.

c ¿Dónde _____ la oficina de turismo?

d Por favor, los teléfonos, ¿dónde _____?

2 Give the Spanish for the following.

a The chemist's is next to the bank, about two minutes from here.

b The market is opposite the museum, about a hundred metres from here.

c The telephones are on the right.

> **LANGUAGE TIP**
> For *opposite*, you can say **frente a** or **enfrente de**.

3 Complete with al or del.

a La catedral está _____ final de esta calle.

b _____ lado _____ mercado hay un bar.

c La oficina de turismo está cerca _____ hotel.

4 Complete the sentences with the words from the list.

| derecho izquierda toma hasta |

a Dobla a la _____ en la primera esquina.

b Sigue por esa calle _____ el final.

c _____ la segunda calle a la izquierda.

d Sigue _____ por la calle Luna.

Speaking

It is your first day in Lima, Peru. Use the prompts to speak to the tourist information desk.

You	*Ask where the cathedral is.*
Empleado	La catedral está en la Plaza Mayor.
You	*Ask if it is far.*
Empleado	No, está cerca, a diez minutos de aquí, en el centro histórico.
You	*And how do I get to the historic centre?*
Empleado	Toma la calle Callao, la segunda a la derecha, y sigue por esa calle hasta la Plaza Mayor.
You	*Thank the receptionist and ask if there is a bank nearby.*
Empleado	Sí, en la calle Callao hay dos o tres.

 # Listen and understand

1 06.03 **Listen and note the answers to these questions.**
   a Por favor, ¿dónde está el hotel Río?
   b ¿Hay un supermercado por aquí?
   c Por favor, ¿dónde están los servicios?

2 06.04 **Listen and fill in the missing words.**
   a Por favor, ¿dónde _____ los teléfonos?
   b _____ por esta calle hasta la plaza y allí _____ a la derecha.
   c _____ la segunda calle a la _____ .

3 06.05 **How far are the following places? Listen and note the answers.**
   a La calle Esmeralda, por favor, ¿está lejos?
   b La terminal de autobuses, ¿a qué distancia está?
   c Perdone, ¿hay una oficina de turismo por aquí?

 4 06.06 **Listen to the sounds of j and g in these words and try to imitate the pronunciation of the speakers.**
   a La calle General Jiménez, ¿dónde está?
   b Por favor, ¿para ir a la Plaza Juárez?
   c ¿Guanajuato está muy lejos de Jalapa?

Conversation

 06.07 *Javier invites Elena, from Colombia, to visit him at home. Listen and answer the question.*

1 What transport can Elena take to get to Javier's place?

Elena	¿Cuál es tu dirección?
Javier	Calle Don Carlos 92, sexto piso, departamento 601.
Elena	¿Cómo llego allí? ¿En metro, en taxi o a pie?
Javier	¿En qué hotel estás?
Elena	Estoy en el Hotel Mistral, en la calle Concepción 165, muy cerca del metro.
Javier	Bueno, tomas la línea uno del metro hasta la estación El Golf. La calle Don Carlos está a tres cuadras del metro.
Elena	¿Puedes repetir la dirección?
Javier	Calle Don Carlos 92, sexto piso, departamento 601.

2 Complete the sentences with the words from the list.

> cerca   departamento   línea   dirección

a ¿Cuál es la _____ del hotel?
b El hotel está muy _____ del metro.
c Tomas la _____ uno del metro.
d Mi _____ es el número 601.

LANGUAGE TIP
To ask how you can get somewhere, say **¿Cómo llego allí?** *On foot* is **a pie**.

3 Listen again and answer these questions.
a On which floor does he live?
b Where's the Hotel Mistral?
c How far is Don Carlos Street from the underground?

LANGUAGE TIP
In some Latin American countries *a flat* is **un apartamento**.

Language discovery

Find in the conversation the phrases that mean:

a What's your address?

b 92 Don Carlos Street, sixth floor, flat 601.

c I'm at the Hotel Mistral.

Learn more

▶ For floor numbers up to tenth use ordinal numbers: **sexto** (**piso**) *sixth* (*floor*), **séptimo** *seventh*, **octavo** *eighth*, **noveno** *ninth*, **décimo** *tenth*. After tenth the tendency is to use cardinal numbers: **el piso once** *eleventh floor*.

> **AHORA TÚ**
>
> Give the Spanish for: *I live on the seventh floor. His flat is on the tenth floor.*

PRACTICE

1 06.08 **Listen and note the addresses that you hear.**

a _____

b _____

c _____

2 Reorder the sentences into a dialogue. Begin with 1.

_____ ¿Está cerca del museo?

___1___ ¿Cómo llego al museo? ¿A pie o en metro?

_____ Tomas la línea cinco hasta Bellas Artes.

_____ Puedes tomar el metro.

_____ ¿Qué línea tomo?

_____ Sí, muy cerca. Bellas Artes está a dos cuadras del museo.

3 Which way does it go? Unscramble the sentences to give proper directions.

a la calle Libertad / tomas / hasta / el autobús número 405

b por Libertad / el final / sigue / hasta

c giras / la calle San Juan / a la izquierda / en

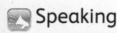 Speaking

How would you ask these questions?

a What's your address?

b Can you repeat the address?

c Is it far?

d How do I get there?

Reading and writing

 1 **Read the directions Raquel sent you in an email. First, try guessing the meaning of: Now answer these questions.**

a la iglesia

b todo derecho

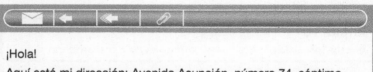

¡Hola!

Aquí está mi dirección: Avenida Asunción, número 74, séptimo piso, departamento 5C. Tomas el autobús número 30 frente a tu hotel hasta la calle Quito. Sigues por Quito todo derecho hasta una iglesia. El número 74 está al lado de la iglesia.

Hasta mañana

Raquel

c What bus do you have to take and where?

d Where do you have to get off?

e Where is number 74 Asunción Avenue?

2 **You've agreed to meet your friend Marta at the café Los Arcos. Look at the map and give her directions from the bus stop.**

Tomas el bus hasta la Plaza 15 de mayo, …

Go further

1 **Look at the words and phrases and complete the missing English expressions.**

 a un cajero automático   *a cash machine*
 b una casa de cambio   *a bureau de change*
 c una oficina de correos   *a post office*
 d un servicio de urgencia   _____
 e una gasolinera   _____

2 **Complete the sentences with the appropriate words.**

 a Perdone, ¿hay un cajero / una casa de cambio cerca de aquí?
 b ¿Dónde / Cuál hay un servicio de urgencia?
 c ¿Cómo salgo / llego a la oficina de correos?

Test yourself

1 **Complete the sentences with one of these words: hay, está, están, llego.**

 a Perdone, ¿dónde _____ el Hotel Cusco?
 b Los cajeros automáticos, por favor, ¿dónde _____ ?
 c Por favor, ¿ _____ un hostal por aquí?
 d Disculpe,¿Cómo _____ al aeropuerto?

2 06.09 **Listen and note the answers to the following questions.**

 a Por favor, el mercado, ¿dónde está?
 b Perdone, ¿dónde está la terminal de autobuses?
 c Señora, por favor, ¿hay una casa de cambio por aquí?
 d Perdone, señor, ¿hay una oficina de correos por aquí?

SELF CHECK	
	I CAN. . .
○	. . . ask for and give directions.
○	. . . ask and say how far a place is.
○	. . . give my address.
○	. . . ask how to get somewhere by public transport.

Review

1 Complete the sentences with the appropriate word.

| mañana | cuesta | vuelta | primer | pesos | boletos |

a ¿A qué hora sale el _____ autobús para San Carlos?
b Quiero dos _____.
c Para mañana en la _____.
d ¿De ida o de ida y _____?
e ¿Cuánto _____?
f Doscientos cuarenta _____.

Points: __ / 6

2 You are travelling from Guayaquil to Quito in Ecuador. Use the prompts to talk to the information desk.

You	*Say you want a ticket for Quito for Thursday 28th.*
Agente	¿A qué hora quiere viajar?
You	*In the morning. Ask what time the first bus leaves.*
Agente	Sale de Quito a las siete de la mañana.
You	*Ask what time it arrives in Quito.*
Agente	Llega a las cinco de la tarde
You	*Ask how much the ticket costs.*
Agente	¿Quiere de ida?
You	*No, you want a return ticket.*

Points: __ /10

 3 R2.01 Listen to Carmen booking a flight, then decide if the information is (A) accurate, or (I) inaccurate.

a Carmen is going to London.
b She travels on 10 April, a Wednesday.
c She flies back on 5 June.
d Her flight is at 11 p.m.
e May 5 is a Saturday.

Points: __ /5

4 **Complete the sentences with the correct word, para or por.**

a Por favor, ¿ _____ ir a la catedral?

b Sigue _____ esta calle hasta el parque.

c Quiero una habitación _____ dos noches.

d ¿Cuánto cuesta _____ noche?

e Quiero dos boletos _____ Guadalajara.

f ¿Tiene boletos _____ el jueves 30?

g Los quiero _____ las diez de la mañana.

Points: ___ /7

5 **You and your partner have arrived in Montevideo, the capital of Uruguay, without a hotel booking. Use the prompts to talk to the hotel receptionist.**

You	*Ask if they have a room for this evening.*
Receptionista	¿Una habitación individual?
You	*No, you want a double room for three nights.*
Receptionista	Muy bien.
You	*Ask how much the room costs.*
Receptionista	Mil veintisiete pesos por noche.
You	*Ask if breakfast is included.*

Points: ___ /8

6 **R2.02 Ricardo phones the Hotel San Carlos in Buenos Aires to make a booking. Listen and say if the following statements are (T) true or (F) false.**

a Ricardo wants a single room.

b The room costs 360 pesos per night.

c He wants it for six days.

d He's arriving on 3 October.

e He's leaving on 28 November.

f His surname is spelt S-a-n-z.

g His mobile phone is 52-64-36-28-47.

Points: ___ /7

7 How would you write these times in Spanish?

a   b    c

_____   _____   _____

Points: ___ /3

8 You have received an email from a friend in Costa Rica. Read it then answer the questions.

¡Hola!

Este email es para confirmar mi viaje a Inglaterra. Salgo de San José el viernes 3 de enero a las diez y media de la noche y llego a Londres el sábado 4 a las cinco de la tarde. Tengo una reserva en el Hotel Green. El teléfono es el 020 7225 8136.

Un abrazo

Nicolás

a Where is Nicolás travelling to?
b Which day does he leave?
c What time does he leave?
d Which day does he arrive?
e What time does he arrive?
f Where is he staying?

Points: ___ /6

9 Match each occupation with a suitable place for each activity.
a Es profesor/profesora.	**1** Trabaja en un hospital.
b Es periodista.	**2** Estudia en la universidad.
c Es enfermero/enfermera.	**3** Trabaja en un colegio.
d Es empleado/empleada.	**4** Trabaja en una revista.
e Es estudiante.	**5** Trabaja en un banco.

Points: ___ /5

10 Complete the sentences with the correct form of ser or estar.

  a   Perdone, ¿dónde _____ los servicios?

  b   Este _____ Jorge, mi esposo.

  c   Estos _____ mis hijos.

  d   El hotel, ¿_____ muy lejos?

  e   ¿Cuál _____ su apellido?

  f   ¿Cómo _____ usted?

Points: ___ /6

11 What do the following directions mean?

  a   Para ir a la catedral siga por esta calle hasta el final. La catedral está a la izquierda.

  b   El cine está en la calle Merced, la tercera a la derecha.

  c   El Hotel San Antonio está muy cerca, a cuatro o cinco cuadras de aquí.

Points: ___ /3

12 R2.03 Two people give their address and phone numbers. Listen then decide if the information relates to (V) Verónica or (C) Cristóbal.

  a   Avenida Argentina

  b   Departamento 810

  c   Teléfono celular 08 523 7296

  d   Teléfono de la casa 648 7617

Points: ___ /4

13 Match the words in each column to make Spanish expressions.

  a   el cajero   **1**   de urgencia

  b   la oficina   **2**   de autobuses

  c   el servicio   **3**   de correos

  d   la casa   **4**   automático

  e   la terminal   **5**   de cambio

Points: ___ /5

14 In each list below there is one word which is unrelated to the rest. Can you spot it?

  a   el vuelo, el tren, el probador, el avión, el autobús

  b   la habitación, la talla, el hotel, el hostal, la pensión

  c   el museo, la catedral, la iglesia, la llave, la oficina de turismo

  d   la blusa, la falda, los pantalones, la camisa, el bigote

  e   amarillo, bajo, alto, moreno, delgado

Points: ___ /5

Total Points: ___ /80

7 ¿Qué desean comer?
What would you like to eat?

In this unit you will learn how to:
▶ *request basic food and drinks.*
▶ *order food in a restaurant.*
▶ *express preferences.*

CEFR: (A2) *Can order a meal; can say what he/she wants; can say what he/she prefers.*

Latin American food

La cocina latinoamericana (*Latin American cuisine*) is extremely varied. Typical of Mexico and Central America are **las tortillas de maíz** (*corn pancakes*), and **los chiles** (*chilies*) are basic **ingredientes** (*ingredients*) of typical Mexican dishes. Many regions have their own **especialidades** (*specialities*), some containing **carne** (*meat*), **pescado** (*fish*) or some other ingredient.

La cocina peruana (*Peruvian cuisine*) blends traditional staples such as **maíz**, **papas** (*potatoes*) and other foods, including fish and **mariscos** (*seafood*). In Argentina, **el bife** (*beef*) is extremely popular, as are **las pastas** (*pasta*), brought to the country by Italian immigrants.

The names of dishes may not be obvious, so you might need to ask a few questions: **¿Qué lleva este plato?** (*What's in this dish?*), **¿Lleva carne?** (*Does it contain meat?*), **¿Es picante?** (*Is it spicy?*), **¿Tiene comida vegetariana?** (*Do you have vegetarian food?*).

Don't be surprised to find fully cooked meals for **el desayuno** (*breakfast*), **el almuerzo** (*lunch*) and **la cena** (*dinner*). It's tradition.

 Can you name two typical ingredients of Mexican cuisine?

Vocabulary builder

07.01 Look at the words and phrases and complete the missing English expressions. Then listen to the words and try to imitate the pronunciation of the speakers.

LA COMIDA *FOOD*

el pollo asado	*roast chicken*
el pescado al horno	*baked fish*
la carne a la parrilla	*grilled beef*
las chuletas de cerdo	*pork chops*
la sopa	_____
las papas fritas	*chips*
el arroz	*rice*
verduras al vapor	*steamed vegetables*
la ensalada mixta	_____

> **LANGUAGE TIP**
> **Asado** and **frito** agree with the noun they qualify: **la carne asada** (*roast meat*), el **pescado frito** (*fried fish*).

BEBIDAS *DRINKS*

la cerveza	*beer*
el vino tinto	*red wine*
el vino blanco	*white* _____
la gaseosa	*fizzy drink*
el jugo de fruta	*fruit juice*
el café	_____
el té	_____
el chocolate	_____

NEW EXPRESSIONS

¿Qué desean comer/tomar?	*What would you like to eat/drink?*
de primero/de segundo	*first/second course*
Lo prefiero con arroz.	*I prefer it with rice.*
Para mí ...	*For me ...*
Queremos/Preferimos ...	*We want/prefer ...*
¿Nos trae la cuenta?	*Will you bring us the bill?*

Conversation

 07.02 *Lucía and Nicolás are in a restaurant. Listen as they place their order.*

1 Who orders soup as a first course? Who orders a mixed salad?

Mesera	¿Qué desean comer?
Lucía	Para mí, una sopa de verduras de primero.
Mesera	¿Y de segundo?
Lucía	De segundo quiero pollo asado.
Mesera	¿Con papas fritas, arroz o verduras al vapor?
Lucía	Lo prefiero con arroz.
Mesera	Muy bien. ¿Y para usted, señor?
Nicolás	De primero, una ensalada mixta. Y de segundo pescado al horno con papas fritas.
Mesera	¿Qué desean tomar? ¿Vino, cerveza …?
Nicolás	Queremos vino de la casa.
Mesera	¿Prefieren blanco o tinto?
Nicolás	Preferimos tinto. Y un agua mineral sin gas.
Mesera	¿Desean un postre? Hay helados, fruta y flan.
Lucía	Para mí, un helado de chocolate.
Nicolás	Yo, un flan. Y dos cafés.
Nicolás	Por favor, ¿nos trae la cuenta?

el agua mineral	*mineral water*
el agua con/sin gas	*sparkling/still water*
los helados	*ice cream*
la fruta	*fruit*
el flan	*crème caramel*

2 Match the Spanish and the English.

a Una sopa de verduras

b Pescado al horno con papas fritas.

c Queremos vino de la casa.

d ¿Prefieren blanco o tinto?

e ¿Desean un postre?

f ¿Nos trae la cuenta?

1 Will you bring us the bill?

2 Would you like a dessert?

3 Vegetable soup

4 We want the house wine.

5 Baked fish with chips.

6 Do you prefer white or red?

3 Read the conversation and answer the questions.

a What does Lucía order for her second course?

b Do they order red or white wine?

c What is Lucía having for dessert?

Language discovery

Look back at the conversation. What is the Spanish for these phrases?

- **a** What do you want to drink?
- **b** We want house wine.
- **c** We prefer red.

With **ustedes, ellos/ellas** (*they*, men/women), the verb form always ends in **-n**. With **nosotros** (*we*), it ends in **-mos**. Note that vowel changes like **-e** to **-ie** never affect the **nosotros** form.

	querer (to want)	preferir (to prefer)
nosotros	queremos	preferimos
ellos, ellas, ustedes	quieren	prefieren

AHORA TÚ

Give the Spanish for: *We want two sparkling waters; They* (women) *prefer wine.*

Learn more

LANGUAGE TIP
A group of women will refer to themselves as **nosotras**.

To request something politely you can use **me** (*me*) or **nos** (*us*) followed by the simple present.

¿Me trae más pan?	*Will you bring me more bread?*
¿Nos trae azúcar?	*Will you bring us some sugar?*

For informal requests use the **tú** form of the verb.

¿Me pasas la sal?   *Can you pass me the salt?*

LANGUAGE TIP
Remember words agree in gender and number:
Lo prefiero con arroz (el pollo); Las quiero al vapor (las papas).

▶ Note the expressions meaning *For me ...*, *And for you ...?* in the conversation. The key word is **para**: **para mí** (*for me*), **para ti** (*for you,* informal), etc. **Para mí, una coca cola. ¿Y para ti, María?. Una cerveza para mi amigo.**

PRACTICE

1 Complete the sentences with the appropriate form of the verb in brackets.

a ¿Qué _____ (querer) tomar, señores?

b Yo _____ (preferir) cerveza.

c ¿Qué _____ (preferir) ustedes, flan o helado?

d Nosotros _____ (querer) helados de chocolate.

2 Give the Spanish for the following.

a Will you bring me a still mineral water, please?

b Will you bring us the bill?

c A chocolate ice cream for me.

d And for you, Luis? (informal)

LANGUAGE TIP

Agua (*water*) is a feminine word, which begins with a stressed **-a**. To avoid repeating the vowel, it takes masculine articles: **un/el agua mineral**.

---

3 Fill in the blanks with lo, la, los or las.

a ¿Las chuletas de cerdo, _____ quiere con puré de papas o con arroz?

b La carne, ¿ _____ prefiere asada o a la parrilla?

c El pollo, ¿ _____ prefieren con papas fritas o con ensalada?

4 You are dining out with a friend. Follow the prompts and place your order.

a Ask for a vegetable soup for your first course.

b Say you prefer baked fish and a mixed salad for your main course.

c Say you both want the house wine (use **nosotros**).

d Order a crème caramel for yourself.

Listen and understand

1 07.03 **Which three things is Rebecca ordering from the set menu? Listen and make a note in Spanish.**

Menú del día

sopa de pollo   verduras
ensalada mixta   puré de papas
carne a la parrilla   arroz
pescado frito
pollo asado

LANGUAGE TIP
A server is **un mesero** or **una mesera**. The set menu is **el menú del día**. In Mexico it is **la comida corrida**.

2 07.04 **What are Fernando and Marisol having to drink with their meal? Listen and complete the dialogue.**

Mesero	¿Qué desean tomar?
Fernando	_____ vino de la _____.
Mesero	¿Prefieren _____ o _____?
Fernando	Preferimos _____.
Marisol	Y también _____.
Mesero	¿La quiere _____ gas o _____ gas?
Marisol	_____ gas, por favor.

3 07.05 **Listen and complete the requests you hear. Then indicate whether they are F (formal) or (I) (informal).**

a ¿_____ el agua, por favor?

b ¿_____ más pan, por favor?

c ¿_____ traes un té?

d Por favor, ¿_____ la sal?

 4 07.06 **Listen to the pronunciation of r and rr and try to imitate the speakers.**

Por favor, ¿hay un restaurante cerca?
El restaurante Río.
La carne, ¿la prefiere con arroz o puré?
Queremos tres cervezas y un agua mineral.

LANGUAGE TIP
In the initial position **r** is strongly rolled, just like **rr**. In other positions **r** is pronounced nearly like the *r* in *very*.

Conversation

 07.07 *Ángela, Charo and Tomás are stopping in a café for a snack. Listen and answer the question.*

1 Which of the three friends order a sandwich?

Mesero	Hola, buenas tardes. ¿Qué van a tomar?
Ángela	¿Qué quieres tú, Charo?
Charo	Quiero un jugo de naranja.
Ángela	¿Quieres comer algo?
Charo	Sí, un sándwich de jamón.
Ángela	Y tú, Tomás, ¿qué vas a tomar?
Tomás	Yo, un café con leche y un sándwich de queso.
Mesero	¿Y para usted, señorita?
Ángela	Para mí, un jugo de mango y tarta de manzana.
Mesero	¿Quiere algo más?
Ángela	Sí, ¿me trae un vaso de agua también, por favor?

2 Complete the Spanish expressions with words from the conversation. Then only look at the English translations and test yourself.

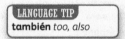

LANGUAGE TIP
también *too, also*

un jugo de mango	*a mango juice*
un jugo de _____	*an orange juice*
un _____ con leche	*a white coffee*
un sándwich de _____	*a ham sandwich*
un sándwich _____ queso	*a cheese sandwich*
una tarta de manzana	*apple pie*
un vaso de _____	*a glass of water*
un _____ de leche	*a glass of milk*

3 Listen to the conversation again, then answer these questions.
  a What is Tomás having?
  b What is Ángela drinking?
  c What else does Ángela order?

Learn more

 What two phrases are used in the conversation to say *What are you going to ...?*

To ask people what they are going to have, Spanish uses two different verbs for eating and drinking.

¿Qué va a tomar?	*What are you going to drink?*
¿Qué van a comer?	*What are you going to eat?*
¿Vas a tomar cerveza?	*Are you going to have beer?*

The key verb is **ir** (*to go*), followed by **a tomar**, **a comer**, etc.

PRACTICE

1 **Use the correct form of ir: vas, va, van.**

> **IR (TO GO)**
> yo voy
> tú vas
> él, ella, usted va
> ustedes van

  a ¿Qué _____ a tomar usted, señor Ramírez?

  b ¿Qué _____ a tomar ustedes?

  c Y tú, Mercedes, ¿ _____ a tomar café?

2 **Complete the dialogue with words from the list.**

  > quieres   comer   pastel   tomar   vaso

  a ¿Qué desea _____ usted, Charo?

  b Para mí, un _____ de chocolate.

  c Y tú, José, ¿qué vas a _____?

  d Un café cortado, con un _____ de agua.

  e ¿ _____ comer algo?
     No, gracias. No quiero comer.

3 **Reorder the sentences to form a dialogue.**

  _____ ¿Algo más?

  _____ Quiero un jugo de durazno y un café cortado.

  _____ Sí, un pastel de chocolate.

  _____ ¿Qué va a tomar?

el café cortado	*coffee with a dash of milk*
el café solo	*black coffee*
el jugo de durazno	*peach juice*
una tarta de fresa	*strawberry cake*

 4 07.08 **What are Elisa and Ramón having? Listen and note five food and drinks they mention.**

Speaking

You and a friend go into a café for a drink and a snack and are ready to order.

Use what you know to take part in the conversation.

Mesero	*¿Qué van a tomar?*
You	*An apple juice, a chicken sandwich and a white coffee for my friend.*
Mesero	*¿Y para usted?*
You	*For me, a peach juice, a coffee with a dash of milk and a chocolate cake.*

Reading and writing

 A Spanish-speaking colleague left the following note on your desk.

1 **Can you guess the meaning of the following words?**

a tengo hambre
b tengo sed
c ¿me compras …?
d el almacén
e la lechuga

> Hola
>
> Por favor, ¿me compras un agua mineral con gas, un jugo de naranja pequeño y un sándwich de pollo con lechuga y tomate en el almacén de la esquina? Estoy muy ocupada y no puedo salir. ¡Tengo mucha hambre y sed! Gracias,
>
> Ana María

Now answer these questions.

f What drinks has she asked her friend to bring for her?
g What kind of sandwich has she asked for?
h How is Ana María feeling?

 2 **You've invited some friends over and you're planning snacks and drinks for the evening. Write your shopping list. Look at the reading and previous conversations for some ideas.**

Go further

You and a friend are staying in a holiday apartment, so you need to shop for food.

1 **Can you match the Spanish and the English in the following shopping list?**

a	una barra de pan	**1**	250 grams of cheese
b	una lata de atún	**2**	a dozen eggs
c	un cuarto de kilo de queso	**3**	a bag of crisps
d	una docena de huevos	**4**	a bottle of red wine
e	una botella de vino tinto	**5**	a tin of tuna fish
f	una bolsa de papas fritas	**6**	a loaf of bread

2 **Choose an appropriate measure or container to complete the phrases:** _____ de jamón, _____ salmón, _____ de cerveza.

 Test yourself

1 **Read each line and spot the one thing that does not belong.**

   a carne, pollo, chuletas, bife, papas

   b fresa, manzana, pescado, durazno, naranja

   c tarta de fresa, cerveza, vino, café, jugo de manzana

2 **When would you use the following words and expressions?**

a	tomar	**1**	to speak about dishes available today
b	de primero/de segundo	**2**	to describe drinking water
c	menú del día	**3**	to talk about what you drink
d	sin/con gas	**4**	to specify the different courses in a meal

 3   07.09 **What are Luisa and Roberto having to drink and to eat? Listen and make a note.**

SELF CHECK

	I CAN. . .
⭘	. . . order food in a restaurant.
⭘	. . . order drinks and snacks.
⭘	. . . express preferences.

8 ¿Qué horario tienes?
What's your schedule like?

In this unit you will learn how to:
▶ *talk about actions you do regularly.*
▶ *say how often you do certain things.*
▶ *say what time places open and close.*

CEFR: (A2) *Can give a simple description of daily routine; can ask and answer questions about habits and routines; can ask and answer questions about what they do in their free time.*

The working day

El horario de trabajo (*working hours*) in Latin America differs from country to country. In many places the working day in **las oficinas públicas** (*government offices*) **empieza** (*it starts*) at nine and **termina** (*it ends*) at six, with a two-hour break for **el almuerzo** (*lunch*). In large cities most private businesses are **abiertos** (*open*) at lunchtime. **Las tiendas** (*shops*) **abren** (*open*) at nine or ten and **cierran** (*close*) at seven or eight, In small towns, shops are usually **cerradas** (*closed*) at lunchtime. **Los bancos** (*banks*) are normally open from nine to four. To ask about opening and closing times you can say: **¿A qué hora abre (el museo)?** (*What time does (the museum) open?*), **¿A qué hora cierra?** (*What time does it close?*) or **¿Está abierto/cerrado?** (*Is it open/closed?*). In large cities **la gente sale de casa temprano** (*people leave home early*), **almuerza** (*they have lunch*) near work and **regresa a casa** (*they come back home*) **para cenar** (*to have supper*).

How long do Latin Americans typically take for lunch?

Vocabulary builder

Look at the words and complete the missing English expressions. Then listen to the recording and try to imitate the pronunciation of the speakers.

LA RUTINA DIARIA *DAILY ROUTINE*

el horario	*the schedule*
empiezo	*I start*
termino	_____
me levanto	*I get up*
me ducho	*I shower*
desayuno	_____
almuerzo	_____
ceno	*I have dinner*
me acuesto	*I go to bed*

EL TIEMPO LIBRE *LEISURE TIME*

el gimnasio	_____
el tenis	_____
el cine	_____
la televisión	_____
la música	*music*
el diario	*newspaper*

NEW EXPRESSIONS

¿A qué hora te levantas?	*What time do you get up?*
Después salgo para la oficina.	*Then I leave for the office.*
¿Cómo vas al trabajo?	*How do you go to work?*
¿Dónde almuerzas?	*Where do you have lunch?*
¿Qué haces después del trabajo?	*What do you do after work?*
A veces juego al tenis.	*Sometimes I play tennis.*
¿Te acuestas temprano?	*Do you go to bed early?*
Siempre me acuesto tarde.	*I always go to bed late.*
Antes leo el diario.	*Before that I read the paper.*
Me conecto a internet.	*I get online.*

Conversation

08.02 *Daniel tells Victoria, a colleague, about his day.*

1 Listen and answer the question. What are Daniel's working hours?

Victoria	¿Qué horario tienes, Daniel?
Daniel	Empiezo a las nueve y termino a las seis.
Victoria	¿A qué hora te levantas?
Daniel	Normalmente me levanto a las siete, me ducho, desayuno y después salgo para la oficina.
Victoria	¿Y cómo vas al trabajo? ¿A pie o en autobús?
Daniel	Voy en autobús.
Victoria	¿Dónde almuerzas?
Daniel	Almuerzo en un café con unos compañeros de trabajo.
Victoria	¿Y qué haces cuando terminas de trabajar?
Daniel	Bueno, a veces juego al tenis o voy al gimnasio o al cine. Después regreso a casa.
Victoria	¿Te acuestas temprano?
Daniel	No, siempre me acuesto tarde. Antes ceno, leo el diario, me conecto a internet o veo la televisión.

 antes *before*

después *after, afterwards, then*

2 Match the Spanish and the English.

a	Voy en autobús.	**1**	I read the newspaper.
b	Almuerzo en un café	**2**	I go to the gym.
c	Voy al gimnasio.	**3**	I watch TV.
d	Regreso a casa.	**4**	I go on the bus.
e	Leo el diario.	**5**	I have lunch in a café.
f	Veo la televisión.	**6**	I come back home.

3 Read or listen to the conversation again, then answer the questions.

   a What time does Daniel usually get up?

   b What does he do after he gets up?

   c What does he do when he finishes work?

   d What does he do before he goes to bed?

Language discovery

Can you notice anything different about the verbs in these expressions from the conversation?

    a ¿A qué hora te levantas?   **b** Me levanto a las siete.

The verbs in these phrases belong to a special category, which in the dictionary appear with -**se** added to them: **levantarse** (*to get up*), **ducharse** (*to shower*), **acostarse** (*to go to bed*). **Se** is sometimes translated as *oneself*, as in **lavarse (***to wash oneself*), but this is not always the case. To say *I get up*, *you get up*, etc., use the following set of words with the verb:

yo	**me levanto**	*I get up*
tú	**te levantas**	*you get up*
él/ella/usted	**se levanta**	*he, she gets up, you get up*
nosotros	**nos levantamos**	*we get up*
ellos/ellas/ustedes	**se levantan**	*they/you get up*

Learn more

▶ The following verbs from the conversation undergo a vowel change in all but the **nosotros** form.

e into **ie**	**empezar** (*to start*)	**empiezo, empiezas, empieza . . .**
o into **ue**	**almorzar** (*to have lunch*) / **acostarse** (*to go to bed*)	**me acuesto, te acuestas, se acuesta . . .**
u into **ue**	**jugar** (*to play*)	**juego, juegas, juega . . .**

▶ To say how often you do certain things you can use:

siempre	*always*
normalmente	*normally*
generalmente	*usually*
a veces	*sometimes*
nunca	*never*

PRACTICE

1 Match each drawing with an appropriate phrase.

   a me ducho   **c** leo el diario

   b voy al gimnasio   **d** desayuno

2 Choose from the following to complete the verbs in bold.

> me   te   se   nos

   a Rosa _____ **acuesta** siempre a las diez.

   b ¿A qué hora _____ **acuestas** tú?

   c Los sábados, Ramiro y yo _____ **levantamos** tarde.

   d Isabel y Laura _____ **bañan** en la piscina.

   e Los domingos, yo no _____ **afeito**.

3 What questions would you ask to get these replies? Use the usted form of the verb.

   a Empiezo a trabajar a las nueve.

   b Normalmente salgo para la oficina a las ocho y cuarto.

   c Voy al trabajo en el carro.

   d Sí, almuerzo siempre en casa.

   e Termino de trabajar a las seis.

4 Use what you know to answer these questions about yourself.

   a ¿A qué hora te levantas normalmente?

   b ¿A qué hora sales de casa en la mañana?

   c ¿Dónde almuerzas generalmente?

   d ¿A qué hora regresas a casa?

   e ¿Qué haces en casa?

🐘 Listen and understand

1 08.03 **Sofía asks Yolanda, a university student, what her typical day is like. Listen and complete Yolanda's schedule.**

7.30	Se levanta
8.30	_____
1.00	_____
5.00	_____
6.00	_____
11.00	_____

2 08.04 **How often do Alfredo and Adela do each of the following? Listen and choose the appropriate expression.**

normalmente	generalmente	a veces	siempre	nunca

a Se levantan a las 6.45.
b Salen para el trabajo.
c Van en el metro.
d Regresan a casa a las 6.30.
e Van al supermercado o al cine.
f Se acuestan tarde.

3 08.05 **Listen to Alfonso talk about what he does during the week and complete the missing verbs.**

Me llamo Alfonso, trabajo en un banco. Generalmente _____ temprano, _____, _____, me visto, tomo un café y _____ para el banco. No tengo carro y voy en el autobus. Normalmente _____ en un café. Los lunes y los miércoles, después del trabajo, _____ a un gimnasio. Los martes y los jueves _____ clases de inglés. Los viernes _____ al tenis y en la noche _____ con amigos. Nunca _____ a casa antes de las ocho o las nueve.

Native Spanish speakers tend to run words together within sentences, giving the impression that they speak fast. Practise linking words the way native speakers do.

4 08.06 **Listen and repeat the following phrases trying to imitate the pronunciation of the speakers.**

a Empiezo a las ocho.
b Termino a la una.
c Voy en autobús.
d Almuerzo en un café.
e Regreso a casa a las seis.

Conversation

08.07 *Mario asks Eva what she and her husband do at weekends.*

1 Listen then answer the question. Do Eva and Pedro get up early on Saturdays?

Mario	Eva, ¿qué hacen tú y Pedro los fines de semana?
Eva	Bueno, los sábados nos levantamos bastante tarde. Pedro sale a correr, yo hago la limpieza y después hacemos las compras para la semana.
Mario	¿Quién cocina en casa? ¿Tú o Pedro?
Eva	Normalmente yo, y a veces Pedro. Pero él siempre lava los platos.
Mario	Y en la tarde, ¿qué hacen?
Eva	Pedro duerme la siesta y yo me conecto a internet o escucho música. En la noche, a veces, vamos con amigos a bailar.
Mario	¿Y qué hacen los domingos?
Eva	Los domingos generalmente salimos de paseo.

> **LANGUAGE TIP**
> **hago** (*I do*), from **hacer** (*to do*): **hago, haces, hace . . .**

2 Match the Spanish and the English.

a	salir a correr	**1**	to cook
b	hacer la limpieza	**2**	to go out dancing
c	hacer las compras	**3**	to go jogging
d	cocinar	**4**	to go for a walk/ride
e	lavar los platos	**5**	to do the cleaning
f	dormir la siesta	**6**	to do the shopping
g	ir a bailar	**7**	to do the washing up
h	salir de paseo	**8**	to have a nap

3 Read or listen to the conversation again and decide if the following statements are (T) true or (F) false?

a On Saturday morning Pedro goes out jogging and Eva listens to music.

b Pedro always does the cooking and Eva the washing up.

c In the afternoon Eva takes a nap.

d On Saturday night they go dancing with friends.

💡 Language discovery

Can you identify the verbs in these phrases?

a Yo hago la limpieza.
c Sale a correr.
b Hacemos las compras.
d Sale de paseo.

In the first two phrases the verb is **hacer**. In the other two it is **salir**. Both verbs combine with other words to form new expressions: **hacer la comida** (*to do the cooking*), **hacer la cama** (*to make the bed*); **salir a caminar** (*to go out walking*), **salir de compras** (*to go out shopping*).

PRACTICE

1 What does Marta do on Saturdays? To find out, complete the expressions with the right form of a verb from the box.

| salir   hacer   escuchar   levantarse   dormir   lavar |

a _Se levanta_ tarde.
d _____ de compras
b _____ la limpieza.
e _____ la siesta.
c _____ la ropa.
f _____ música

2 Talk about the things Nicolás and his partner do on Sunday mornings. Follow the example and say what they do.

a Levantarse y desayunar tarde   _Se levantan y . . ._
b Salir a correr   _____
c Regresar a casa y ducharse   _____
d Hacer el almuerzo y lavar los platos _____

3 Unscramble the words and expressions to make sentences.

a juega al fútbol / en la tarde / Pablo / los sábados / siempre
b a pie / voy / al trabajo / normalmente
c a casa / regreso / nunca / temprano

4 08.08 Listen to Berta and make a note of some of the things she does at weekends.

a ¿Qué hace Berta los sábados en la mañana?
b ¿Con quién almuerza?
c ¿Qué hace los domingos?

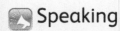
Speaking

Your Ecuadorian friend Manuela has just started a new job.

   a   Ask what time she starts.

   b   Ask what time she finishes.

   c   Ask whether she works on Saturdays.

   d   Ask what she does at the weekends.

Reading

Graciela has posted a message on a social media site. Read it and answer the questions. First, what do you think the following words mean?

   a   la agencia de viajes

   b   hago yoga

   c   chateo con mis amigos

Me llamo Graciela y soy secretaria. Trabajo de lunes a viernes, de nueve a una y de tres a siete. Me levanto a las siete y cuarto, me ducho, desayuno y salgo a pie para la oficina. A mediodía voy a casa, almuerzo, y a las tres regreso a trabajar. Los martes y jueves hago yoga. Generalmente llego a casa temprano, ceno, me conecto a internet y chateo con mis amigos.

Graciela

Like • Comment • Share

Now how much have you understood?

   d   What are Graciela's working hours?

   e   How does she go to work?

   f   Where does she have lunch?

   g   What does she do when she gets home in the evening?

Writing

Take Graciela's message as a model to blog about your personal routine. Use expressions like: los lunes . . ., normalmente . . . , a veces . . ., los fines de semana . . .

Go further

Study these phrases related to opening and closing hours.

¿A qué hora abre el museo?	*What time does the museum open?*
¿A qué hora abren las tiendas?	*What time do the shops open?*
¿A qué hora cierra el café?	*What time does the café close?*
¿A qué hora cierran los bares?	*What time do the bars close?*
Está abierto/abierta.	*It's open.*
Está cerrado/cerrada.	*It's closed.*

Ask what time the banks open and what time they close. Ask if the shops are open.

Test yourself

1 **Complete the sentences with the correct form of the verbs in brackets.**

   a Yo _____ (empezar) a trabajar a las ocho y (terminar) a las cinco.

   b Yo _____ (levantarse) a las siete, (ducharse) y (tomar) un café.

   c Mi esposo Mario y yo _____ (almorzar) en casa.

   d Después de la cena, él _____ (conectarse) a internet y yo
      _____ (ver) la televisión.

2 08.09 **Listen to Rodolfo explaining what he, his wife and their children do on Saturdays. Then answer the questions.**

   a What time do they get up?

   b What do they do after breakfast?

   c Who does the cooking? And the washing up?

   d Where do Rodolfo and María sometimes go in the evening?

SELF CHECK	
	I CAN...
○	... talk about activities I do regularly.
○	... say how often I do certain things.
○	... ask what time places open and close.

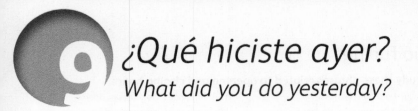

¿Qué hiciste ayer?
What did you do yesterday?

In this unit you will learn how to:
▶ *talk about past events.*
▶ *say what you like or dislike.*
▶ *give biographical information.*

CEFR: (A2) *Can ask and answer questions about pastimes, past activities and personal experiences; can say what he/she likes or dislikes.*

Sports and entertainment

When it comes to **el deporte** (*sport*), **el fútbol** (*football*) stirs great passions among Latin Americans. It is the national sport in most countries. In Venezuela and Cuba, the favourite sport is **el béisbol** (*baseball*). In recent years, **el tenis** (*tennis*), **el baloncesto** (*basketball*), **el ciclismo** (*cycling*) **y la natación** (*swimming*) have gained in popularity.

Watching sports and **las teleseries** (*soap operas*) or **los noticieros** (*newscasts*) on **la televisión** (*TV*) take up a good deal of **el tiempo libre** (*spare time*).

Internet (*internet*) is also a favourite pastime, more so than **el cine** (*cinema*), **el teatro** (*theatre*) or **el baile** (*dancing*).

Surveys about what Latin Americans do **el fin de semana** (*the weekend*), reveal answers like: **vi la televisión** (*I watched television*) to **fui al cine/a bailar** (*I went to the cinema/dancing*), or **me gusta escuchar música/ir a conciertos o al teatro** (*I like listening to music/going to concerts or the theatre*).

 What is the number one sport in Latin America? What other forms of entertainment are mentioned in the article?

Vocabulary builder

09.01 **Look at the words and phrases and complete the missing English expressions. Then listen to the words and try to imitate the speakers.**

DIVERSIONES *ENTERTAINMENT*

ver la televisión	to watch _____
ir al cine	to go to _____
ver películas	_____ films
ir al teatro	_____ to the theatre
ir a conciertos	_____
ir a discotecas	_____
escuchar música	to listen to music
escuchar radio	_____
bailar	to dance

LOS DEPORTES *SPORTS*

el fútbol	_____
el baloncesto	basketball
el béisbol	_____
el tenis	_____
la natación	swimming
el ciclismo	_____
el esquí	skiing
hacer deportes	to do sports
el jogging	_____

NEW EXPRESSIONS

Estudié inglés.	*I studied English.*
Trabajé y almorcé en casa.	*I worked and had lunch at home.*
Cené con un amigo.	*I had dinner with a friend.*
Desayuné temprano.	*I had breakfast early.*
Fuimos al estadio.	*We went to the stadium.*
Te gusta el cine ¿no?	*You like cinema, don't you?*
Me gusta mucho.	*I like it very much.*
¿Te gustan los deportes?	*Do you like sports?*

Conversation

 09.02 *David and Mónica meet on Monday and talk about what they did at the weekend.*

1 Who likes cinema and who likes sports?

David	¿Qué tal el fin de semana, Mónica?
Mónica	Muy bien. El sábado no salí. Me levanté tarde y estudié inglés. Y ayer fui al cine con Agustín y después comimos algo en un café.
David	Te gusta el cine, ¿no?
Mónica	Sí, me gusta mucho. Y tú, ¿qué hiciste?
David	El sábado en la mañana trabajé y almorcé en casa, y en la noche cené con un amigo. El domingo desayuné temprano y después jugué al tenis con Raúl. En la tarde fuimos al estadio para ver el fútbol.
Mónica	¿Te gustan los deportes?
David	Bueno, sí, me gusta hacer deportes. Pero también me gusta el teatro, la música y me gusta ir a conciertos.
Mónica	El fúbol no me gusta nada.

2 Find in the conversation the simple past forms of these phrases.
   a Me levanto tarde.
   b Voy al cine.
   c Y tú, ¿qué haces?
   d En la mañana trabajo.
   e Desayuno temprano.
   f Juego al tenis.

3 Read the conversation and answer these questions.
   a What did Mónica do on Saturday?
   b What about David?
   c What else does David like beside sports?
   d Does Mónica like football?

> **LANGUAGE TIP**
> **¿Qué tal el fin de semana?**   *How was your weekend?*

Language discovery

Find the Spanish for the following phrases in the conversation:

   a I didn't go out   **c** we ate something

   b I studied English

All three forms, **salir** (*to go out*), **estudiar** (*to study*) and **comer** (*to eat*) are in the simple past, a form of the verb which is used for talking about events which happened at a specific point in the past.

To form the simple past, remove the **-ar**, **-er**, **-ir** ending and add the following ones. Verbs ending in **-er** and **-ir** follow the same pattern.

yo	estudié	comí	salí
tú	estudiaste	comiste	saliste
él/ella/usted	estudió	comió	salió
nosotros	estudiamos	comimos	salimos
ellos/ellas/ustedes	estudiaron	comieron	salieron

AHORA TÚ

Give the Spanish for: *I studied Spanish; We ate at home; They went out early.*

A few verbs have an irregular past form. In the conversation there are two:

▶ **hacer** (*to do, make*): **hice, hiciste, hizo, hicimos, hicieron**

▶ **ir** (*to go*): **fui, fuiste, fue, fuimos, fueron**

LANGUAGE TIP

ayer	*yesterday*
anteayer	*the day before yesterday*
el sábado pasado	*last Saturday*
la semana pasada	*last week*
el año pasado	*last year*

AHORA TÚ

Give the Spanish for: *What did you do on Sunday?* (formal); *I went to a concert last week.*

 Find the Spanish for: *I like cinema; Do you like sports?* in the conversation.

The verb is **gustar** (*to like*), which is used in the third person singular with a noun or a verb, **me gusta la música** (*I like music*), **me gusta bailar** (*I like dancing*), and third person plural with plural nouns: **me gustan los conciertos** (*I like concerts*). To say *I like, you like,* etc., use the following:

me gusta	*I like*	**te gusta**	*you like*
le gusta	*he/she likes, you like*	**nos gusta**	*we like*
les gusta	*they/you like*		

With someone's name, the phrases above are preceded by **a**: **A María le gusta la música clásica** *Maria likes classical music.*

> **AHORA TÚ**
>
> Give the Spanish for: *I like cinema; We like sports; Do you like to play tennis?*

PRACTICE

1 What did Antonio do last Monday? Use the yo form of the verbs.

El lunes pasado _____ (levantarse) a las ocho, _____ (ducharse), _____ (afeitarse) y _____ (salir) para la universidad. A mediodía _____ (almorzar) con Carlos. En la tarde _____ (ir) al gimnasio y después _____ (tomar) un café con Delia. ¿Qué _____ (hacer) tú?

2 Here are some of the things Natalia wrote in her diary. Can you say what she did?

a Salí con José.

b Fui a la fiesta de Isabel.

c Bailé y comí mucho.

d Hablé con Cristóbal.

e Regresé a casa a la una.

f Me acosté muy tarde.

3 On a survey, Víctor rated each activity according to his taste:

1 = no me gusta/n

2 = me gusta/n

3 = me gusta/n mucho

Answer for him:

a los deportes (3)

b el fútbol (1)

c el tenis (2)

d la música clásica (1)

e los conciertos de rock (3)

f el cine (2)

4 Your friend Teresa wants to know what you did yesterday.

Teresa	¿Qué hiciste anoche? ¿Saliste?
You	*Say you went to a concert with a friend.*
Teresa	¿Te gusta la música?
You	*Say you like it very much.*

🎧 Listen and understand

1 09.03 **What did Mariana do last night? Listen and complete the sentences.**

    a Trabajé _____.
    d Cené _____.
    b Tomé _____.
    e Me conecté _____.
    c Regresé _____.
    f Me acosté _____.

2 09.04 **Julia and a friend are visiting Montevideo, the capital of Uruguay, for the first time. Listen and indicate if the following statements are (T) true or (F) false.**

    a Julia and her friend got up late.
    b They showered and had breakfast in their hotel.
    c They took a taxi to the tourist office.
    d Then they walked to the Plaza Constitución.
    e They visited the cathedral and a museum.
    f At one o'clock they had lunch at the hotel.

3 09.05 **Listen to Ramiro talking about his likes and dislikes. Then score his opinions using the following key:**

☹☹	No le gusta nada
☹	No le gusta
☺	Le gusta
☺☺	Le gusta mucho

    a ver la televisión _____
    d chatear en internet _____
    b escuchar música _____
    e hacer deportes _____
    c ir a discotecas _____
    f salir con amigos _____

4 09.06 **Listen and try to imitate the pronunciation of the speakers. Pay special attention to the stress where you see a written accent.**

> **LANGUAGE TIP**
> Written accents in Spanish can sometimes change the meaning of words: **trabajo** (*I work*), **trabajó** (*he/she/you worked*).

    a Trabajo en un restaurante – Trabajó en un restaurante.
    b Regreso a casa temprano – Regresó a casa temprano.
    c Bailo muy bien – Bailó muy bien.

Conversation

 09.07 *Yolanda and Tomás talk about their birthdays and when and where they were born.*

1 Listen, then answer the questions. Where was Yolanda born? And Tomás?

Yolanda	¿Cuándo es tu cumpleaños, Tomás?
Tomás	Mi cumpleaños es el veintiuno de abril.
Yolanda	¿Cuándo naciste?
Tomás	El veintiuno de abril de mil novecientos ochenta y siete.
Yolanda	Yo nací el dieciocho de septiembre del noventa y uno. Y mi esposo nació el ochenta y nueve.
Tomás	¿Dónde naciste?
Yolanda	Nací en Colombia, en Bogotá. ¿Y tú?
Tomás	Yo nací en Buenos Aires.
Yolanda	¿Estudiaste allí?
Tomás	Sí, estudié en Buenos Aires. Terminé mis estudios, conocí a Cristina en unas vacaciones y nos casamos.
Yolanda	¿Cuándo te casaste con Cristina?
Tomás	Me casé el año pasado.

2 Match the Spanish and the English.

a ¿Cuándo es tu cumpleaños?   1 Where were you born?
b ¿Cuándo naciste?   2 When did you get married?
c ¿Dónde naciste?   3 When is your birthday?
d ¿Estudiaste allí?   4 Did you study there?
e ¿Cuándo te casaste?   5 When were you born?

3 Read or listen to the conversation again and decide if the statements are (T) true or (F) false?

a Tomás's birthday is on 21 April.
b Yolanda was born on 18 September 1989.
c Tomás met Cristina on a holiday.
d He got married this year.

> **LANGUAGE TIP**
> **Conocer** (*to meet*) is followed by **a** when used before someone's name: **Conocí a Cristina** (*I met Cristina*), but **¿Conoces Madrid?** (*Do you know Madrid?*)

Language discovery

Find in the conversation the phrases that mean:

   a I was born   **c** I finished my studies

   b My husband was born   **d** I got married

Nacer (*to be born*), **terminar** (*to finish*) and **casarse** (*to get married*) are in the simple past, a verb form normally used for giving biographical information: **Nací en 1985 y Delia nació en 1990** (*I was born in 1985 and Delia was born in 1990*), **Terminé la universidad el año pasado** (*I finished university last year*).

PRACTICE

1 Reorder the sentences to form a dialogue. Start with 1.

  _____ El 18 de octubre de 1981.

  ___1___ ¿Cuándo es tu cumpleaños?

  _____ Es el 18 de octubre.

  _____ ¿Dónde?

  _____ ¿Cuándo naciste?

  _____ En Guadalajara, México.

2 Complete the sentences with the correct form of the verbs from the box.

estudiar   terminar   ir   casarse   conocer   nacer

  a Rosa _____ en Paraguay el 24 de agosto de 1960.

  b En 1978, Rosa _____ a la universidad. Allí _____ inglés y francés.

  c Ella _____ sus estudios en 1982.

  d En 1984, Rosa _____ a Raúl y un año después _____ con él.

3 What questions would you ask to get these replies? Use the usted form of the verb.

  a Mi cumpleaños es el diecisiete de marzo.

  b Nací en 1986.

  c Trabajé en Nueva York.

  d Me casé en 2008.

4 09.08 **Ada and Luis answer personal questions. Listen and note their birthdates and the place they were born.**

	Fecha *Date*	Lugar de nacimiento *Place of birth*
Ada Díaz		
Luis Pérez		

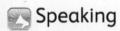 Speaking

Answer these questions about yourself.

a ¿Cuándo es tu cumpleaños?

b ¿Cuándo naciste?

c ¿Dónde naciste?

d ¿En qué año fuiste al colegio/a la universidad?

e ¿Cuándo terminaste tus estudios?

f ¿Trabajaste?, ¿Dónde?

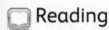 Reading

1 **Andrés, from Chile, had to write a brief account of his life. This is what he said. First, try guessing the meaning of:**

a economía

b una empresa

c continuar

Nací en Valparaíso, Chile, el 23 de julio de 1967. Allí fui al colegio y viví hasta los dieciocho años. En 1985 fui a la universidad en Santiago donde estudié economía. Terminé los estudios en 1989 y después trabajé cuatro años en una empresa. En 1994 viajé a Londres para continuar mis estudios. Regresé a Chile y ahora trabajo en una empresa muy importante. Mi trabajo me gusta mucho.

> **LANGUAGE TIP**
> **Para continuar …**
> (In order) to continue …

Now answer these questions.

d When did Andrés leave Valparaíso?

e What did he study in Santiago?

f Where did he work and for how long?

g Why did he go to London?

Go further

1 **Here are some things people like to do on their holidays. Match the Spanish and the English.**

a	viajar a otros países	1	to go to the countryside
b	ir a la playa	2	to go on excursions
c	ir al campo	3	to read novels
d	salir de excursión	4	to travel to other countries
e	leer novelas	5	to go to the beach

Test yourself

1 **Choose the right verb to complete the sentences.**

| jugar desayunar hacer levantarse ver salir |

a Ayer (yo) _____ temprano, _____ y _____ para la universidad.

b El domingo pasado, Pablo y yo _____ al tenis y después _____ la televisión.

c ¿Qué _____ tú el fin de semana pasado?

2 09.09 **In an interview with a journalist, Martín, from Peru, tells some facts about his life. Listen and note the information**

a Date and place of birth: _____

b Place of residence: _____

c Previous place of work: _____

d Current job: _____

SELF CHECK

I CAN...
... talk about past events.
... say what I like or dislike.
... give biographical information.

Una invitación
An invitation

In this unit you will learn how to:
▶ *talk about future plans.*
▶ *arrange to meet someone.*
▶ *make invitations.*
▶ *accept and decline an invitation.*

CEFR: (A2) *Can discuss what to do, where to go and make arrangements to meet; can make and respond to invitations, suggestions and apologies.*

Festivals and celebrations

Latin American **fiestas** (*festivals*) and **celebraciones** (*celebrations*) have a unique character. Some are rooted in indigenous traditions. Others are a legacy of the Spanish colonization or commemorate historical events, such as **la Independencia** (*Independence Day*).

La Navidad (*Christmas*), **el Año Nuevo** (*New Year*) **y la Semana Santa** (*Easter*) are celebrated throughout Latin America. **El Día de los Muertos** (*Day of the dead*) on 2 November is an important festival in some countries. **El carnaval** (*carnival*), celebrated a week before *Ash Wednesday*, has a religious origin and is a big event in Veracruz and Mazatlán in Mexico, and Oruro in Bolivia.

The original meaning of some festivals has been lost in time. Many people simply look forward to a holiday away from home or to visit family. And everyone wants to know **¿Qué vas a hacer para la Semana Santa?** (*What are you going to do at Easter?*), **¿Qué planes tienes?** (*What plans do you have?*), **¿Adónde vas a ir?** (*Where are you going to go?*).

What religious celebrations are mentioned in the text?

Vocabulary builder

10.01 Look at the words and phrases and complete the missing English expressions. Then listen to the words and try to imitate the pronunciation of the speakers.

CELEBRACIONES *CELEBRATIONS*

una invitación	_____
una fiesta	_____
un cumpleaños	*a birthday*
una cena	_____
un aniversario	_____
una celebración	_____
celebrar	*to celebrate*

EN EL FUTURO *IN THE FUTURE*

mañana	_____
pasado mañana	*the day after tomorrow*
el lunes próximo	*next Monday*
la semana próxima	_____
el mes próximo	_____ *month*
el año próximo	_____

NEW EXPRESSIONS

¿Qué vas a hacer?	*What are you going to do?*
¿Por qué?	*Why?*
Porque …	*Because …*
Vamos a celebrar.	*We're going to celebrate.*
¿Quieres venir con nosotros?	*Would you like to come with us?*
¿Adónde van a ir?	*Where are you going to?*
Es más barato que …	*It's cheaper than …*
Es mejor.	*It's better.*
en la puerta	*at the door*
Me parece bien.	*It's all right.*
Voy a llamar por teléfono.	*I'm going to phone.*

Conversation

 10.02 *Elisa and two of her friends talk about their plans for tomorrow evening.*

1 **Listen and answer the questions. Who's going to a party tonight, and who has no plans?**

Elisa	¿Qué vas a hacer esta noche, Blanca?
Blanca	Voy a ir a una fiesta a casa de Jorge. Es una celebración de carnaval.
Elisa	Y tú, Joaquín, ¿qué planes tienes para esta noche?
Joaquín	No sé, no tengo planes. ¿Por qué?
Elisa	Porque es el cumpleaños de Antonio y vamos a celebrar con una cena. ¿Quieres venir con nosotros?
Joaquín	¿Adónde van a ir?
Elisa	Vamos a cenar en La Casa Colonial o o en Los Mayas. ¿Los conoces?
Joaquín	Sí, los conozco. Los Mayas es más barato que La Casa Colonial y la comida es mejor.
Elisa	Bueno, vamos a Los Mayas.
Joaquín	¿A qué hora?
Elisa	¿Te parece bien a las nueve en la puerta?
Joaquín	Sí, me parece bien.
Elisa	Bueno, voy a llamar por teléfono para reservar una mesa.

2 **Match the questions and the answers.**

a	¿Qué vas a hacer?	**1**	Vamos a cenar en un restaurante.
b	¿Por qué te arreglas?	**2**	Me parece bien.
c	¿Adónde van a ir?	**3**	Sí, los conozco.
d	¿Los conoces?	**4**	Porque es el cumpleaños de Daniel.
e	¿Te parece bien?	**5**	Voy a ir a una fiesta.

3 **Read or listen to the conversation again and answer these questions.**

a Why is today special for Antonio?

b Which of the two restaurants is the better choice? Why?

c What time and where do they arrange to meet?

> **LANGUAGE TIP**
>
> **parecer** (*to seem*) functions like **gustar** (*to like*): **me parece** (*it seems to me*): **te parece, le parece,** etc.

Language discovery

Look back at the conversation. What is the Spanish for these phrases?

a What are you going to do?

b I'm going to phone.

To ask and answer questions about future plans you can use the simple present of **ir** + **a** + the dictionary form of a verb. The simple present forms of **ir** (*to go*) are as follows:

yo	**voy**		
tú	**vas**		ir a una fiesta
él/ella/usted	**va**	a	llamar por teléfono
nosotros	**vamos**		reservar una mesa
ellos/ellas/ustedes	**van**		

> **AHORA TÚ**
>
> Complete the sentences with the appropriate form:
>
> ¿Qué _____ a hacer usted para la Navidad?; (Yo) _____ a celebrar el Año Nuevo con mi familia.

▶ To make comparisons use **más ... que**: **es más barato/caro que el otro** (*It's cheaper/more expensive than the other one*). The comparative form for **bueno** (*good*) is **mejor** (*better*): **Este bar es mejor** (*This bar is better*).

> **AHORA TÚ**
>
> Give the Spanish for: *Mexico City is bigger than Buenos Aires; This café is smaller, but it is better.*

▶ In the conversation there are two new question words: **¿adónde?** (*where to?*) and **¿por qué?** (*why?*).

▶ Note the following phrases: **No sé** (*I don't know*), **Los conozco** (*I know them*).

▶ To express knowledge of a fact use **saber**: **Sabemos su dirección** (*We know her address – we know what it is*).

▶ To indicate acquaintance with something, a person or a place use **conocer: Conozco la ciudad** (*I know the city – I'm familiar with it*). Note that only the **yo** form is irregular.

PRACTICE

1 **What are the Castro family going to do on their holidays? Complete the sentences with the appropriate form of ir and find out.**

   a Charo _____ a viajar a Europa.

   b Mis papás _____ a celebrar su aniversario.

   c Pancho y yo _____ a ir al carnaval de Mazatlán.

2 **Use the following words to make comparisons.**

   a El avión – rápido – el tren.

   b El Hotel Sol – grande – el Hotel Luna.

   c El Hostal San Luis – barato – El Hostal Buenavista.

   d El Café Torres – bueno – el Café Río.

   e Santiago de Chile – pequeño – Buenos Aires.

3 **Match each question with its logical answer.**

¿Por qué ...	Porque ...
a ... no vienes con nosotros?	1 ... tengo amigos allí.
b ... no cenamos en el Plaza?	2 ... me acosté a la una.
c ... vas a ir a Caracas?	3 ... tengo mucho trabajo.
d ... te levantaste tarde?	4 ... es muy caro.

4 **Complete the sentences with the correct form of saber or conocer.**

   a ¿_____ usted dónde está la calle Luz?

   b Lo siento, (yo) no _____. No _____ la ciudad.

   c (Nosotros) no _____ el restaurante, pero _____ que es bueno.

> **LANGUAGE TIP**
>
> **¿Por qué?** has a written accent for stress. When it means *because*, **porque** is written as one word.

5 **Use what you know to answer these questions about yourself.**

   a ¿Qué vas a hacer el fin de semana?

   b ¿Qué planes tienes para tus vacaciones?

   c ¿Qué países de Latinoamérica conoces?

Listen and understand

1 10.03 **Clara and Rodolfo are organizing a celebration for tomorrow night. What are they each going to do? Listen and write (C) for Clara or (R) for Rodolfo.**

a hacer la limpieza
b hacer las compras
c cocinar
d lavar los platos
e preparar las ensaladas
f preparar el postre

2 10.04 **Gloria asks Raúl what he and his friend are going to do at Easter. Listen and say if the following statements are (T) true or (F) false.**

a Raúl and his partner are going to Peru at Easter.
b They are going to be four days in Lima and three days in Cuzco.
c Gloria knows Cuzco, but she doesn't know Lima.
d She doesn't have money to go on holiday.

3 10.05 **Raúl and Patricia are checking two hotels for their stay in Lima. Listen and complete the missing words.**

Raúl	¿Cuál de los dos hoteles es _____?
Patricia	No sé. El Hotel Callao es más _____ el Hotel Ayacucho.
Raúl	Sí, pero el Hotel Callao está _____ del centro _____ el Hotel Ayacucho.
Patricia	El Hotel Callao es mucho _____, y yo prefiero un hotel _____ y _____.

 4 10.06 **Listen to the pronunciation of ll and y and try to imitate the speakers.**

a Yo voy a llamar por teléfono al restaurante Los Mayas.
b El Hotel Callao de la calle Ollanta es mejor.
c Guillermo y Mireya van a pasar la Semana Santa en Trujillo.

> **LANGUAGE TIP**
> **ll**, like **y**, are both pronounced like the *y* in *yes* by most Spanish speakers.

Conversation

 10.07 *Leonor phones Emilio and then Mónica to invite them to her graduation party.*

1 Listen and answer the question. Who accepts the invitation and who declines it?

Emilio	¿Aló?
Leonor	Hola, ¿está Emilio?
Emilio	Hola, Leonor. Soy Emilio. ¿Cómo estás?
Leonor	Muy bien. Llamo para invitarte a una fiesta para el sábado próximo. Voy a celebrar mi graduación.
Emilio	Encantado. ¿Dónde va a ser la fiesta?
Leonor	En mi departamento, a las nueve.
Emilio	Muy bien. Muchas gracias.
Leonor	Bueno, voy a llamar a Mónica. Hasta el sábado, entonces.
Emilio	Hasta el sábado.
Mónica	¿Aló?
Leonor	Hola, Mónica. Soy Leonor. Llamo para invitarte a mi fiesta de graduación para el sábado próximo.
Mónica	Muchas gracias, Leonor, pero no puedo, porque no estoy bien. Estoy muy resfriada. Lo siento mucho.
Leonor	¡Qué lástima!

2 Match the Spanish and the English.

a ¿Está Emilio?   1 Where is going to be?

b Llamo para invitarte …   2 I have a cold.

c ¿Dónde va a ser?   3 Is Emilio there?

d No estoy bien.   4 I'm calling to invite you …

e Estoy resfriada.   5 I'm not well.

3 Listen to the conversation again, then complete the information.

a Leonor's party is next _____ (*day*).

b The party is in _____ (*place*), at _____ (*time*).

c Mónica can't come to the party because _____ .

LANGUAGE TIP

encantado/a	*delighted (man/woman)*
Lo siento mucho.	*I'm very sorry.*
¡Qué lástima!	*What a pity!*

Language discovery

What phrase is used in the conversation to say _I'm calling to invite you … ?_

▶ To express purpose use **para** followed by the dictionary form of the verb: **para preguntar** (_to ask_), **para decir** (_to say_). Words like **me, te, le**, etc. will be added to the verb: **Llamo para preguntarte …** (_I'm calling to ask you …_), **Escribió para decirnos …** (_He/She wrote to tell us …_).

Learn more

▶ Note in the conversation the Spanish for _Where is the party going to be?_ To say where something is taking place use **ser**. **¿Dónde va a ser la fiesta?**

▶ In the phrase **Estoy resfriada** (_I have a cold_) **estar** expresses a condition and the word **resfriada** ends in **-a** because it refers to a female. Note the agreement in **Pepe y yo estamos cansados** (_Pepe and I are tired_).

PRACTICE

1 Reorder the sentences to form a dialogue. Start with 1.

_____ Hola, soy Tito. Llamo para invitarte a almorzar.

_____ ¡Qué lástima!

___1___ Hola, ¿está David?

_____ Lo siento, pero no puedo. Estoy muy ocupado.

_____ Soy David.

2 Unscramble the words to form sentences.

a para / a mi casa / invitarte / te escribo

b mi viaje a / llamo / confirmar / para / la Ciudad de México

3 Complete the sentences with the correct form of ser or estar.

a ¿Dónde _____ la fiesta de tu hermana?

b ¿Dónde _____ su departamento? No sé la dirección.

c La celebración va a _____ en casa de Miguel.

d Nina no va a ir a la excursión. Ella _____ muy cansada.

4 10.08 Ignacio phones Soledad to invite her out. Where does he invite her and why can't she accept the invitation?

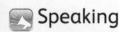 Speaking

A Spanish-speaking friend phones to invite you for dinner. Use what you know to take part in the conversation.

Tu amigo/a	Hola. ¿Tienes planes para esta noche?
You	*No, I haven't got any plans. Why?*
Tu amigo/a	Porque vamos a salir a cenar con Carmen. ¿Quieres venir con nosotros?
You	*Delighted, thanks. Ask where they are going to go.*
Tu amigo/o	Vamos a ir a El Farol o al Sibaritas. ¿Los conoces?
You	*Say you know them. Say El Farol is more expensive but the food is better.*
Tu amigo/a	Bueno, podemos ir a El Farol. ¿Te parece bien a las ocho y media en la puerta?
You	*Yes, it's alright with you.*

 Reading

Read the email your Mexican friend Susana sent you about your next visit to Veracruz. First match the Spanish and the English.

a me dices que …   1 to stay
b venir   2 you tell me that …
c quedarse   3 to come

¡Hola!

En tu email me dices que vas a venir a México y que vas a pasar tres días en Veracruz. ¡Fantástico! Vas a estar aquí para el carnaval, que es uno de los más interesantes y mejores de México. No necesitas quedarte en un hotel. Puedes quedarte en mi casa y conocer a mi familia. Yo, encantada. ¿Te parece bien?

Un abrazo

Susana

Writing

Use Susana's email as a model to send an invitation to a Spanish-speaking friend.

Go further

Here are more polite ways of declining an invitation. Match the Spanish and the English.

a	Tengo otro compromiso.	**1**	I'm ill.
b	Tengo que trabajar.	**2**	I have another engagement.
c	Tengo que estudiar.	**3**	I can't. Another day, perhaps?
d	Estoy enfermo/enferma.	**4**	I'm sorry, I'm very busy.
e	Lo siento, estoy muy ocupado/a.	**5**	I have to study.
f	No puedo. ¿Otro día, quizás?	**6**	I have to work.

A friend invites you for an evening out.

g Say you are sorry, you can't. You are very busy, you have to work. Another day, perhaps?

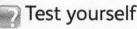

Test yourself

1 When would you use each of the following words and phrases?

a	Me parece bien.	**1**	To express a reason.
b	¿Adónde vas?	**2**	To say you don't know.
c	Porque	**3**	To express agreement.
d	No sé.	**4**	To ask where someone is going.

2 Choose the right form in each sentence.

a Voy a/voy viajar a Brasil.

b Luis van/va a venir para la Navidad.

c ¿Qué vas/ir a hacer mañana?

d Vamos a invitar/invitamos a Juan.

3 10.09 **Where is Rodrigo being invited? Why can't he accept? Listen and find out.**

SELF CHECK

	I CAN...
○	... talk about future plans.
○	... arrange to meet someone.
○	... make invitations.
○	... accept and decline an invitation.

R3 Review

1 Complete the phrases with the appropriate word from the box.

> papas fritas chocolate vino pan cortado naranja queso blanco

a un jugo de _____
b un helado de _____
c una botella de _____
d un vino _____
e un café _____
f un sandwich de _____
g una bolsa de _____
h una barra de _____

Points: __ /8

2 R3.01 What are Marta and Luis ordering for lunch? Listen and make a note.

	Marta	Luis
a		
b		
c		

Points: __ /6

3 You are in a restaurant. Use the prompts to order.

Mesera	¿Qué desea comer?
You	*Say you want a vegetable soup as the first course.*
Mesera	¿Y de segundo?
You	*For the second course you want grilled beef.*
Mesera	¿La quiere con papas fritas, arroz o verduras al vapor?
You	*You prefer it with steamed vegetables.*
Mesera	¿Qué va a tomar?
You	*You want the house red and a sparkling mineral water.*
Mesera	¿Desea un postre?
You	*You want a chocolate ice cream and a coffee.*

Points: __ /10

4 Put the verbs in the correct form of the simple present.

a Ramón _____ (levantarse) a las 6.00.

b Yo _____ (levantarse) a las 7.30.

c Ana y Gabriel _____ (desayunar) temprano.

d Francisco y yo _____ (tomar) el metro para ir a la oficina.

e Ester _____ (almorzar) en un café.

f ¿A qué hora _____ (acostarse) tú?

Points: ___ /6

5 What questions would you ask to get these replies? Use the informal form.

a Me levanto a las 6.45.

b Salimos de casa a las 8.15.

c Voy al trabajo en autobús.

d Almorzamos en casa.

e Regreso a casa a las 6.00.

f Nos acostamos a las 11.00.

Points: ___ /6

6 Complete the answers to the following questions with a suitable verb.

tomar   leer   hacer   ver   ir   jugar   conectarse

a ¿Qué hace normalmente después del trabajo?
A veces _____ al gimnasio o _____ un café con mis amigos.

b ¿Y qué hace cuando regresa a casa?
Normalmente _____ la televisión o _____ el diario y a veces _____ a internet.

c ¿Trabaja los sábados?
No, los sábados _____ deportes. Generalmente _____ al tenis.

Points: ___ /7

7 In each list below there is one word or phrase which is unrelated to the rest. Can you spot it?

a un jugo, una cerveza, un pollo asado, un café, un agua mineral

b el baloncesto, el ciclismo, el noticiero, la natación, el fútbol

c hacer las compras, cocinar, lavar los platos, salir de paseo, hacer la limpieza

Points: ___ /3

8 Use the prompts to ask the hotel receptionist about the opening and closing times of certain places.

You	*Ask if the banks are open.*
Recepcionista	No, los bancos están cerrados.
You	*Ask what time they open.*
Recepcionista	A las nueve.
You	*Ask what time they close.*
Recepcionista	A las cuatro de la tarde.
You	*Ask if the post office is open.*
Recepcionista	No, también está cerrada.

Points: ___ /8

9 Match the words in each column to make Spanish expressions.

a	jugar al	**1**	música
b	leer	**2**	deportes
c	escuchar	**3**	la televisión
d	conectarse a	**4**	el diario
e	hacer	**5**	internet
f	ver	**6**	fútbol

Points: ___ /6

10 What did Laura do yesterday? Put the verbs in the correct form.

a	levantarse a las 9.00	**d**	regresar a casa
b	desayunar	**e**	ir al supermercado
c	salir a correr	**f**	almorzar con una amiga

Points: ___ /6

11 Ricardo asked Rebeca and Antonio what they did on Saturday. Complete their answers with the correct form of the verbs.

Ricardo	¿Qué hiciste el sábado?
Rebeca	El sábado (levantarse) tarde, (ducharse), (maquillarse), (peinarse), y (salir) a hacer unas compras.
Ricardo	Y tú Ricardo, ¿qué hiciste?
Antonio	Yo (ver) el fútbol en la televisión, después (conectarse) a internet y en la noche (ir) a una fiesta en casa de Lola.

Points: ___ /8

12 Indicate if the expressions refer to the past (P) or the future (F), and give their meanings.

  a anteayer   **d** el año pasado
  b pasado mañana   **e** la semana próxima
  c el domingo pasado   **f** ayer

Points: ___ /6

13 R3.02 Ana María asks Francisco about his weekend plans. Listen and say what he is going to do.

  a Saturday   a.m. _____   p.m. _____
  b Sunday   a.m. _____   p.m. _____

Points: ___ /4

14 Victoria is trying to find out about some of your likes and dislikes. Use the prompts to answer her.

Victoria	¿Te gustan los deportes?
You	*Say yes, you like sports very much.*
Victoria	¿Qué deportes te gustan?
You	*Say you like tennis and you also like swimming.*
Victoria	Y el fútbol, ¿te gusta?
You	*Say no, you don't like football very much.*

Points: ___ /6

15 Complete the sentences with the correct verb, saber or conocer.

  a (Yo) no _____ el departamento de David y (yo) no _____ dónde vive.
  b Juan no _____ dónde está el museo. Él no _____ la ciudad.

Points: ___ /4
Total Points: ___ /90

Un viaje a Santiago de Chile

Es **miércoles 20** y Cristina Rodríguez Vera, una periodista mexicana, llega a Santiago de Chile para una **conferencia internacional**. A su llegada a Santiago toma un taxi para ir hasta su hotel.

Cristina	Buenas tardes. Por favor, necesito un taxi para ir al Hotel Bellavista.
Empleada	¿Tiene la dirección del hotel?
Cristina	Sí, está en la calle Foresta número 154. ¿Está muy lejos?
Empleada	Está a veinte o veinticinco minutos de aquí.
Cristina	¿Cuánto cuesta el taxi?
Empleada	Son veinte mil pesos.
Cristina	No tengo pesos chilenos. Tengo dólares.
Empleada	Son cuarenta dólares.
Cristina	Muy bien, diez, veinte, treinta, cuarenta dólares.
Empleada	Gracias. Aquí tiene su boleto para el taxi.
Cristina	Adiós, gracias.
Empleada	De nada, adiós.

El Hotel Bellavista es un hotel de cuatro estrellas, y está muy bien situado. Hay una estación de metro a cinco minutos de allí. El hotel tiene un bar, una cafetería, un restaurante muy bueno y una piscina. Las habitaciones son cómodas y tienen televisión por cable, servicio de internet, caja de seguridad y aire acondicionado. Cerca del hotel hay un parque, dos museos, y muchos cafés.

Recepcionista	Buenas tardes, señora.
Cristina	Buenas tardes. Tengo una reservación a nombre de Cristina Rodríguez Vera. Es una habitación individual.
Recepcionista	Un momento, por favor. Sí, aquí está su reserva. Es para cinco noches, ¿no?
Cristina	Sí, salgo el lunes veinticinco en la mañana.
Recepcionista	Muy bien. Tiene la habitación trescientos quince en el tercer piso. Aquí está su llave.

Esa noche Cristina cena en el restaurante del hotel. Después de cenar escribe un email a Felipe, un amigo chileno.

Querido Felipe:

Gracias por tu invitación a cenar mañana jueves. Encantada. No tengo planes para la noche. Llegué esta tarde a Santiago. El vuelo fue muy largo, ocho horas, y estoy muy cansada. Estoy en el Hotel Bellavista, en la calle Foresta 154. El teléfono es el 633 4528 y mi habitación es la 315.

La conferencia termina mañana a las 6:00 de la tarde. Estoy libre después de las 7:00. ¿Quieres venir al hotel? Podemos tomar una copa en el bar del hotel y después vamos a cenar. ¿Te parece bien?

Un abrazo

Cristina

Es **jueves 21** en la mañana y la conferencia va a empezar. Hay gente de muchos países: chilenos, colombianos, ecuatorianos, argentinos. Al lado de Cristina hay un hombre joven, moreno, alto y delgado, de ojos verdes. Su nombre es Pablo.

Pablo	Hola, buenos días. Me llamo Pablo García. Soy argentino, de Córdoba.
Cristina	Yo me llamo Cristina Rodríguez. Encantada.
Pablo	Mucho gusto. ¿De dónde eres?
Cristina	Soy mexicana, de Guadalajara, pero vivo y trabajo en la Ciudad de México. Soy periodista.
Pablo	¿Cuántos días vas a estar en Santiago?
Cristina	Cinco días. Regreso a México el lunes.

La conferencia es larga y cuando termina, Cristina duerme un momento, se ducha, se peina y se arregla para tomar una copa y después salir a cenar con Felipe. Son las 8.00 y Felipe **aún** no llega. Cristina ve un noticiero en la televisión. A las 8.30 el recepcionista llama por teléfono a la habitación. Su amigo Felipe está allí.

'Llegué tarde, lo siento Cristina', dice Felipe. 'Hay mucho **tráfico** a esta hora. Fue **imposible** llegar antes.' No hay tiempo para la copa en el bar y Cristina y Felipe salen a cenar cerca del hotel. A Cristina le gusta el restaurante. La comida está buena – un pescado al horno para ella, una carne a la parrilla para él – y el vino chileno es excelente.

El **viernes 22** Cristina se levantó temprano y salió a correr al parque, frente al hotel. A las 9.00 regresó a su habitación, se duchó, se vistió y fue a desayunar. A las 10.00 en punto empezó la conferencia. Tarde libre. Pablo García habla con Cristina:

Pablo	¿Dónde vas a comer?
Cristina	No sé, no tengo planes. ¿Por qué?
Pablo	¿Quieres almorzar en el Mercado Central? ¿Lo conoces?
Cristina	No, no lo conozco.
Pablo	Es muy interesante. No está lejos. Podemos ir a pie.
Cristina	Bueno, gracias. ¿A qué hora vamos?
Pablo	¿Te parece bien a las dos menos cuarto?
Cristina	Sí, me parece bien. Voy a mi habitación y regreso.

En el Mercado Central **venden** frutas, **verduras**, mariscos, pescados y carnes, pero también hay restaurantes. La especialidad son los pescados y mariscos. Los dos amigos están en el Restaurante Playa Amarilla:

Restaurante Playa Amarilla

Aperitivo	pisco sour o vaina	Postres	ensalada de frutas, flan o helados
Entradas	ceviche de corvina, gambas o pastel de jaiba	Bebidas	vino, cerveza, gaseosa o agua mineral, café, té o hierbas
Platos principales	salmón, congrio o merluza (con ensalada, arroz o puré)		

Mesero	Hola, buenas tardes. ¿Qué van a tomar de aperitivo?
Cristina	Yo quiero un pisco sour.
Pablo	Para mí también.
Mesero	¿Y qué van a comer?
Cristina	**Salmón** a la plancha con ensalada para mí.
Pablo	Yo, **congrio** frito con puré.

Después del postre y el café Cristina y Pablo toman un taxi hasta el **funicular** del **cerro** San Cristóbal, el parque más grande de Santiago. Es un día de sol y el **panorama** de la ciudad desde el cerro es **espectacular**. Cristina y Pablo toman muchas fotos.

Es **sábado 23** y la conferencia terminó a medio día. Esa tarde Cristina salió con Felipe, su amigo chileno. Fueron a la plaza de la Constitución, donde están los edificios públicos más importantes. Después visitaron el **Museo de Arte Precolombino** y la catedral y finalmente cenaron en un restaurante de comida peruana.

El **domingo 24** es el último día de Cristina en Santiago. '¿Qué vas a hacer mañana?', pregunta Felipe. 'Nada **especial**', dice Cristina. '¿Quieres conocer Valparaíso? Podemos ir en el **auto** mañana temprano y regresar en la noche. Valparaíso es una ciudad muy bonita. Te va a gustar.' '**Fántastico**', dice Cristina.

What a busy week for cristina in santiago! Can you use the weekly planner below to retrace her schedule?

1 almuerzo con Pablo en el Mercado Central
2 cena con Felipe
3 llegada a Santiago
4 primer día de la conferencia
5 jogging en el parque
6 almuerzo con Felipe en un restaurante peruano
7 regreso a México
8 tour de Santiago con Felipe
9 visita al cerro San Cristóbal
10 viaje por un día a Valparaíso

miércoles 20 llegada a Santiago	jueves 21	viernes 22
sábado 23	domingo 24	lunes 25

Answer key

UNIT 1

Latin America barbecue, cacao, chilli, cigarette/cigar, hammock, tobacco

Vocabulary builder *Greetings:* good morning, hello/hi, see you tomorrow

Conversation 1 It is morning, **2 a**-3, **b**-5, **c**-1, **d**-4, **e**-2, **3 a** no, **b** Colombian, **c** Puebla, **d** England/Ireland

Language discovery a está, **b** es, **c** usted

Learn more Ahora tú: ¿Cómo está?; ¿De dónde es usted? **Ahora tú:** Esta es la señorita Julián; Buenos días, señorita Julián; Esta es la señora Montes; ¿Cómo está, señora Montes? **Ahora tú:** Soy británica …; Ella es francesa …

Practice 1 a está, **b** es, **c** soy, **d** es, **2 a** Ella, **b** Yo, **c** Él, **d** usted, **3 a** Yo soy …, **b** Me llamo …, **c** Soy …, **d** Soy de …, **e** Este es …, **f** Esta es …, **4 b** inglesa, English, **c** argentina, Argentinian, **d** española, Spanish, **e** irlandesa, Irish, **f** puertorriqueña, Puerto Rican, **5 a** (Muy) bien, gracias, **b** Me llamo (your name), **c** Soy de (home town or country).

Listen and understand 1 a Buenas, **b** días, **c** Buenas, **d** Hola, buenos días, **2 a** Chilean, **b** Argentinian, **c** Peruvian, **d** Bolivian, **e** Scottish, **f** French, **3 a** soy, **b** Esta, **c** llama, **d** llamo/Y, **e** dónde, **f** está

Conversation 1 The USA/Los Angeles. **2 c** Yes, I speak …, **d** What's your name? **e** How are you?, **f** Where are you from?

Language discovery a tú, **b** habl-o, viv-o, habl-as, viv-es

Ahora tú: Karen no habla español; No es de Nueva York.

Practice 1 a llamas, **b** hablas, **c** vives, **2 a** ¿De dónde eres?, **b** ¿Cómo estás?, **c** ¿Vives en Santiago?, **d** ¿Eres de Ecuador?, **e** ¿Hablas inglés, **f** ¿No hablas francés?, **3 a** No hablo …, **b** No vivo …, **c** No me llamo …, **d** No soy de …, **4 a** S, **b** S, **c** Q, **d** Q

Speaking a (Muy) Bien, gracias, **b** Me llamo …, **c** Soy de (home town or country), **d** Vivo en (place where you live), **e** Sí, hablo inglés, **f** Hablo un poco de español, or Hablo español, pero no muy bien, or No hablo español.

Reading and writing 1 a How are things, **b** I'm studying, **c** a language school/institute **2 a** Clara es de Santiago, Chile, **b** Habla español (castellano), **c** No habla inglés muy bien, **d** Estudia inglés en un instituto de idiomas.

Go further Miranda Muñoz

Test yourself 1 a F, **b** I, **c** I, **d** F, **e** I, **f** I, **2 a** está, **b** habla, **c** hablo, **d** es, es, **e** es, **f** soy. **3 a** ¿De dónde eres?, **b** ¿Dónde vives?

UNIT 2

Getting to know Latin Americans Soy soltero/soltera. Soy casado/casada (man/woman).

Vocabulary builder *Occupations:* **a**-3, **b**-4, **c**-1, **d**-5, **e**-2

Conversation 1 She's a nurse. **2 a** ¿Qué hace usted? ¿Trabaja?, **b** ¿Qué hace su esposo? **c** Mi esposo es empleado de un banco. **d** Ella trabaja en un colegio. **3 a** She's a teacher. **b** History, **c** Engineering, **d** He's 22 years old.

Language discovery a un (banco), una (revista), **b** Tengo veinte años.

Learn more Ahora tú: ¿Qué hace su padre/papá? **Ahora tú:** la artista (*artist*), la arquitecta (*architect*), la directora (*director*)

Practice 1 a un/x, **b** x/un, **c** x/una, **d** un/x, **2 a** tiene, **b** tienes, **c** tengo, **d** tiéne, **3 a** es, **b** trabajas, **c** soy, **d** eres, **e** es, **f** estudia, **4 a** Me llamo (name), **b** Tengo (age), **c** Trabajo or Estudio, **d** Trabajo en (place), Estudio (subject) en (place).

Listen and understand 1 a-4, **b**-6, **c**-5, **d**-1, **e**-2, **f**-3, **2** 13 trece, 17 diecisiete, 18 dieciocho, 19 diecinueve, 24 veinticuatro, **4** 48 cuarenta y ocho, 51 cincuenta y uno, 66 sesenta y seis, 82 ochenta y dos, **5 a** 19, **b** 30, **c** 48, **d** 64, **e** 75, **f** 89

Conversation 1 Luis has two children. His son is 28 and his daughter 31. **2 a**-5, **b**-8, **c**-7, **d**-6, **e**-1, **f**-2, **g**-4, **h**-3, **3 a** She has one brother and one sister, **b** He's dark, tall, slim, and has black eyes, **c** She's blonde, short, she has long hair and green eyes

Language discovery hijos, hermanos, mis, tus, sus

Practice 1 a los doctores, **b** las enfermeras, **c** los policías, **d** los ingenieros, **e** los hombres, **f** las mujeres, **2 a** Tengo dos hermanos, **b** Sus hijos tienen cinco y tres años, **c** Mis padres son muy jóvenes, **3 a** tienes, **b** tienen, **c** son, **d** tiene, **4 a** es alta y delgada, tiene ojos verdes, **b** son bajos y tienen el pelo rubio, **c** es morena y tiene los ojos café, **d** son guapos y tienen el pelo negro.

Speaking a Me llamo (name), **b** Soy estudiante. Estudio (subject), Soy (occupation) / Trabajo en (place of work), **c** Tengo (age) años, **d** Tengo (x) hijos/hermanos, **e** Mi hermano/hijo es (occupation) or Mi hermano/hijo no trabaja/estudia.

Reading 1 a Economics, **b** mechanic, **c** Law, **2 a** He's a student, **b** He's studying engineering, **c** He lives with his parents, **d** His brother works in a bank, and his sister studies law at the university.

Test yourself 1 a hace, **b** soy, **c** estudio, **d** tienes, **e** tengo, **f** tiene, **2 a** She's 33. **b** Her son is five and her daughters are 12 and 15. **c** She's a journalist and works in television. **d** She's dark and very good-looking. She's tall, not too slim, and she has black eyes.

UNIT 3

Retail therapy Argentinian peso, Chilean peso, Cuban peso, Mexican peso, dollar, euro, pound (sterling)

Vocabulary builder *Clothing*: blouse, jacket, jumper, *Colours:* black, pink, grey

Conversation 1 a blouse, **2 a** in white, red and blue, **b** No, it's too big for her, **c** black trousers, **3 a** ¿Cuánto cuesta esa blusa?, **b** ¿Cuánto cuestan esos?, **c** ¿Tiene una en la talla treinta y ocho, **d** Esta me queda bien, **e** Esa le queda muy bien. **4 a**-2, **b**-3, **c**-1, **d**-5, **e**-4

Language discovery it, them

Learn more Ahora tú: ¿Cómo le queda la camisa?, Me queda bien. **Ahora tú:** la chaqueta negra, los pantalones blancos. **Ahora tú:** quiere, puedo. **Ahora tú:** este (vestido), esa (camisa), estos (zapatos), esos (calcetines)

Practice 1 a ¿Me puedo probar esa camisa azul?, **b** ¿Me puedo probar este suéter rojo?, **c** ¿Me puedo probar esos zapatos café?, **d** ¿Me puedo probar esa falda blanca?, **2 b** ¿Me la puedo probar?, **c** ¿Me lo puedo probar?, **d** ¿Me las puedo probar?

Speaking a ¿Cuánto cuesta esa blusa/camisa?, **b** ¿La tiene en amarillo?, **c** ¿Tiene la talla (your size), **d** ¿Me la puedo probar?

Listen and understand 2 a 960 pesos, **b** 375, **c** 650, **d** 720, **e** 400, **f** 1.200, **3 a** me queda grande/uno más pequeño, **b** me queda larga/una más corta, **c** no me quedan bien/unas más grandes, **d** me quedan cortos/ unos más largos, **4 a** brown, **b** 950 pesos, **c** 41, **d** They are too small for him, **e** They fit him.

Conversation 1 a ceramic plate, 2 a ¿Qué precio tiene?, b Es un poco caro, c ¿Puede repetir? d ¿Tiene uno más barato? e ¿Es de cuero?

Language discovery una billetera de cuero

Practice 1 a-5, b-4, c-1, d-2, e-3, 2 a precio, b repetir, c barata, d último. 3 a la maleta, b las toallas, c la camiseta.

Speaking - ¿Qué precio tienen los cinturones?/¿Cuánto cuestan los …? - Perdone, no entiendo. ¿Puede repetir, por favor? - ¿Son de cuero? - ¿Tiene uno más barato? - Gracias. Lo llevo.

Reading 1 a discount, b women's/men's clothes, c travel goods, 2 a women's and men's clothes, b 20%, c perfume

Writing a ¿Qué precio tiene esa chaqueta gris? b Cuesta seiscientos cincuenta pesos, c ¿Tiene la talla cuarenta? d Tengo una en marrón, e ¿Me la puedo probar?

Go further b to pay by cheque, c to pay with a credit card, d to pay with dollars/euros

Test yourself 1 a ¿Cuánto cuestan esos pantalones?/¿Qué precio tienen …? Los grises, b Quiero la talla cuarenta y cuatro, c ¿Me los puedo probar? d Me quedan pequeños/Son muy pequeños. ¿Tiene unos más grandes? e Estos me quedan bien. Los llevo. 2 *Francisco*: la camisa verde, los pantalones blancos, los zapatos café; *Ana*: la blusa roja, la falda blanca, los zapatos negros, 3 a 142 b 271 c 389, d 590 e 767, f 2.500, g 4.850, h 8.900

REVIEW 1 (UNITS 1–3)

1 Me llamo (name); Encantado (man)/Encantada (woman); ¿De dónde eres?; Soy (nationality); Soy de (home town); Sí, hablo español, pero no muy bien; ¿Hablas inglés?; Clara, este es mi amigo Paul. Él es inglés, 2 a ¿Cómo se llama usted? b ¿De dónde es? c ¿Dónde vive? d ¿Qué hace? e ¿Cuántos años tiene? 3 a He's a journalist. He works for a magazine, b She's a secretary. She works at a university, c She's a bank clerk and she studies economics, 4 a la hermana, brother/sister, b el hijo, son/daughter, c la madre, father/mother, d el papá, dad/mum, e la esposa, husband/wife 5 a ocho, treinta y dos, ciento veintiocho, b veinte, cincuenta, setenta, c cuarenta y ocho, trescientos ochenta y cuatro, 6 a unos pantalones negros, b una chaqueta blanca, c una camisa azul, d una falda roja, e unos zapatos café/marrones, f un vestido verde, 7 a 170 pesos, b 140 pesos, c 210 pesos, 8 a ¿Cuánto cuesta ese suéter? b ¿Tiene la talla diez? c Quiero uno verde, d ¿Me lo puedo probar? e Me queda grande.

UNIT 4

Travelling in Latin America 1-b

Vocabulary builder *The time:* It's one o'clock, It's twenty to five, It's ten past six, *Transport:* aeroplane, underground, journey/travel, *Days of the week:* Wednesday, Saturday

Conversation **1** On Tuesday, at 7.30, **2** a-5, b-3, c-6, d-1, e-7, f-2, g-4, **3** a On Tuesday 15, **b** In the morning, **c** 7.30 a.m., **d** 3.00 p.m., **e** 25.000 (Chilean) pesos.

Language discovery ¿A qué hora?, A las siete y media, A las doce y cuarto

Learn more Sale de Santiago, Llega a Mendoza
for para, para, *in* en, de, *at* a **Ahora tú:** para, para, a, de

Practice **1** a a las once menos diez, a las dos y media de la tarde, **b** a las ocho y cuarto (de la mañana), a las seis y veinte de la tarde, **c** a las cinco de la tarde, a las diez menos veinte de la noche. **2** a ¿A qué hora sale el vuelo de Madrid? **b** Sale de Madrid el jueves a las once y media de la noche, **c** Llega a Buenos Aires el viernes a las siete de la mañana. **3** Turista: ida, para, para, Empleado: en, en, Turista: de, **4** Salidas: lunes, miércoles, viernes, diez y media (de la mañana), Llegadas: martes, jueves, sábado, dieciocho cuarenta.

Speaking **a** Quiero un boleto para Bariloche para el domingo en la mañana, **b** ¿A qué hora sale el primer micro? **c** ¿A qué hora llega a Bariloche? **d** Quiero un boleto de ida y vuelta. ¿Cuánto cuesta?

Listen and understand **1** a 8.20, **b** 9.35, **c** 12.45, **d** 14.30, **e** 21.55, **f** 22.15 **2** a A return ticket, **b** $395.00, **c** 6.30 a.m, **d** 10.15 a.m., **e** 11.25 a.m. **3** a para, para, tarde, **b** hay, **c** hay, otro, **d** de, llega, **e** a, menos

Conversation **1** México: 9.10 a.m., London: 3.10 p.m., **2** a ¿Qué hora es allá? **b** Llamo para confirmar mi viaje, **c** Son las nueve y diez de la mañana, **d** ¡Qué sorpresa!, **e** Salgo a medianoche.

Language discovery ¿Qué hora es?, Son las tres y diez.

Practice **1** a Es la una menos diez, **b** Es la una y veinticinco, **c** Son las dos y media, **d** Son las cuatro y cuarto, **e** Son las seis menos veinte, **f** Son las seis, **g** Son las siete y cinco, **h** Son las diez menos cuarto. **2** ¿Cuándo viaja?/¿A qué hora sale?/¿A qué hora llega? **3** a viaja, **b** viajas, **c** sale, llega, **d** salgo, sales, **e** llegas, **4** Leaving Friday 25, 11.00 p.m., arriving Saturday 26, 7.00 p.m., Flight LAT 476.

Speaking Buenos días. Quiero viajar a Cuenca./El jueves. ¿Hay un vuelo en la mañana?/¿Cuánto cuesta el pasaje ida y vuelta?/Muy bien. Quiero un pasaje para el vuelo de las siete y cinco. ¿A qué hora llega a Cuenca?

Reading and writing **1 a**-3, **b**-4, **c**-2, **d**-1, **e** six days, **f** on Friday at 7.00 a.m., **g** three days in Havana and three days in Varadero, hotels and all meals.

Go further
a-6, **b**-4, **c**-7, **d**-5, **e**-1, **f**-2, **g**-3

Test yourself **1 a** Son las siete y diez, **b** Son las nueve menos veinticinco, **c** Son las diez y veinte, **d** Es la una y cuarto, **e** Son las cuatro y media, **f** Son las seis, **g** Son las diez menos diez, **h** Son las doce menos cuarto, **2 a** ida, para, para, en, **b** de, a, de, a, en, **3 a** in the afternoon, **b** 14.30, 18.15, 20.45, **c** 21.10

UNIT 5

Somewhere to stay hotels, hostels and boarding houses

Vocabulary builder *Accommodation:* to book, a reservation, a double room, a single room, without breakfast; *The months:* February to December

Conversation **1** five nights **2 a**-2, **b**-4, **c**-1, **d**-3, **3 a** a single room with bath, **b** 890 pesos, **c** It is included.

Language discovery **a** ¿Cuál es su nombre? **b** ¿Cuál es su número de teléfono?

Learn more **Ahora tú:** escribe, dice; **Ahora tú:** para, para, por

Practice **1 a** ¿Cuál es su apellido? **b** ¿Cuál es su número de teléfono? **c** ¿Cuál es su correo electrónico/email? **2 a** el 15 de junio, **b** el 7 de marzo, **c** el 21 de diciembre, **3 a** para, de, **b** doble, **c** para, **d** por, **e** está

Speaking **a** Se escribe (spell your surname), **b** Se pronuncia (pronunciation of your name), **c** Give your telephone number, **d** Give your mobile number

Listen and understand **1 a** 543 2976, **b** 675 2114, **c** 784 5523, extension 4917, **2 a** Quiñones, **b** Hernández, **c** Jaramillo, **3 a** double room with bath, **b** 4 July, **c** 7 July, **d** 1.150 pesos, with breakfast

Conversation **1** It's booked up. The receptionist says the hotel is full, **2 a**-5, **b**-3, **c**-1, **d**-6, **e**-2

Language discovery **a** Aquí está su llave, **b** El hotel está completo.

Learn more **Ahora tú:** completo, completa

Practice **1 a** tengo, **b** es, **c** tiene, **d** está, **2 a** incluidas, **b** ocupado, **c** ocupada. **3 a** para, para, **b** para, para, **c** por, **4 a** F, **b** T, **c** F, **d** F.

Speaking a ¿Tiene una habitación doble para el 27 de junio? Para una semana, **b** ¿Cuánto cuesta la habitación?, **c** ¿Está incluido el desayuno?, **d** (Spell your name.)

Reading 1 a-2, **b**-3, **c**-1, **d** It is in the centre of Antigua, **e** bath, telephone, cable TV, safe-deposit box, **f** internet access, laundry service, bar, cafeteria, swimming pool

Go further b There's no toilet paper, **c** There's no access to internet, **e** The air-conditioning doesn't work.

Test yourself 1 a Laura Torrens, **b** 737 4216, **c** doble, **d** 15 de marzo, **e** 5 noches **2 a** ¿Tiene una habitación libre? **b** ¿Quiere una habitación individual? **c** ¿Cuánto cuesta la habitación doble? **d** ¿Cómo se escribe su apellido?

UNIT 6

Getting around the city lejos, calle, izquierda, derecha, cuadra

Vocabulary builder *Directions*: Is there?, Where are they?, on the right, *Around town*: bank, tourist office, museum, cathedral, cinema, bus terminal.

Conversation 1 two, **2 a**-5, **b**-3, **c**-1, **d**-6, **e**-2, **f**-4, **3 a** a bank, **b** the museum, **c** five minutes, **d** You turn right at the corner and carry on as far as the square.

Language discovery a ¿Hay un banco …?, Hay dos. **b** ¿Dónde está el museo?, Está en …

Learn more Ahora tú: Está a unas cinco cuadras de aquí; Está a unos doscientos kilómetros de Bogotá. **Ahora tú:** Toma la tercera calle; Dobla a la derecha. **Ahora tú:** el segundo semáforo; la primera esquina

Practice 1 a hay, **b** hay, **c** está, **d** están, **2 a** La farmacia está al lado del banco, a unos dos minutos de aquí, **b** El mercado está frente al museo, a unos cien metros de aquí, **c** Los teléfonos están a la derecha, **3 a** al, **b** al, del, **c** del, **4 a** izquierda, **b** hasta, **c** toma, **d** derecho.

Speaking Por favor, ¿dónde está la catedral?/¿Está lejos?/¿Y cómo llego al centro histórico?/Gracias. ¿Hay un banco por aquí?

Listen and understand 1 a Está en la calle México. La primera a la izquierda. **b** Hay uno frente a la farmacia, **c** Están al lado de los teléfonos, **2 a** están, **b** sigue, dobla, **c** toma, izquierda, **3 a** Está cerca, a dos o tres minutos de aquí, **b** Está muy lejos. Está a unas diez cuadras, **c** Hay una a cien metros de aquí.

Conversation **1** the underground, **2 a** dirección, **b** cerca, **c** línea, **d** departamento, **3 a** on the 6th floor, **b** at 165 Concepción street, **c** three blocks

Language discovery **a** ¿Cuál es tu dirección? **b** Calle Don Carlos 92, sexto piso, departamento seiscientos uno, **c** Estoy en el Hotel Mistral.

Learn more **Ahora tú:** Vivo en el séptimo piso; Su departamento está en el décimo piso.

Practice **1 a** Calle Gloria 46, noveno piso, departamento 903, **b** Calle Las Américas número 406, **c** Calle San Francisco 654, tercer piso, departamento C, **2** ¿Cómo llego al museo?, ¿A pie o en metro?/ Puedes tomar el metro/¿Qué línea tomo?/ Tomas la línea cinco hasta Bellas Artes/ ¿Está cerca del museo?/ Sí, muy cerca. Bellas Artes está a dos cuadras del museo /**3 a** Tomas el autobús número 405 hasta la calle Libertad, **b** Sigue por Libertad hasta el final, **c** Giras a la izquierda en la calle San Juan.

Speaking **a** ¿Cuál es tu dirección? **b** ¿Puedes repetir la dirección? **c** ¿Está lejos? **d** ¿Cómo llego allí?

Reading and writing **1 a** church, **b** straight on, **c** number 30, **d** at Quito street, **e** It's next to the church. **2** Tomas el bus hasta la Plaza 15 de mayo. Doblas a la derecha en la Avenida Vargas y sigues hasta el final. En Nápoles giras a la izquierda. El café Los Arcos está en la esquina, frente a un hotel.

Go further **1 d** an emergency service, **e** a petrol station, **2 a** una casa, **b** dónde, **c** llego.

Test yourself **1 a** está, **b** están, **c** hay, **d** llego, **2 a** Está al lado del banco, **b** Está en la avenida Brasil, la segunda a la izquierda, **c** Hay una frente a la catedral, la tercera calle a la derecha, **d** Hay una al final de esta calle, a dos cuadras de aquí.

REVIEW 2 (UNITS 4–6)

1 a primer, **b** boletos, **c** mañana, **d** vuelta, **e** cuesta, **f** pesos, **2** Quiero un boleto para Quito para el jueves veintiocho. / En la mañana. ¿A qué hora sale el primer autobús? / ¿A qué hora llega a Quito? / ¿Cuánto cuesta el boleto? / No, quiero un boleto de ida y vuelta, **3 a** A, **b** I, **c** I, **d** I, **e** A, **4 a** para, **b** por, **c** para, **d** por, **e** para, **f** para, **g** para, **5** ¿Tiene una habitación para esta noche? / No, quiero una habitación doble para tres noches. / ¿Cuánto cuesta la habitación? / ¿Está incluido el desayuno?

6 a F, **b** T, **c** T, **d** F, **e** F, **f** T, **g** T, **7 a** la una y media, **b** las tres y cuarto **c** la una menos diez/las doce cincuenta, **8 a** to England, **b** on Friday 3 January, **c** at 10.00 p.m., **d** on Saturday 4th, **e** at 5.00 p.m. **f** at the Hotel Green, **9 a**-3, **b**-4, **c**-1, **d**-5, **e**-2, **10 a** están, **b** es, **c** son, **d** está, **e** es, **f** está, **11 a** To go to the catedral, go along to the end of this street. The cathedral is on the left, **b** The cinema is on calle Merced, the third on the right, **c** The Hotel San Antonio is very near, four or five blocks from here, **12 a** V, **b** C, **c** C, **d** V **13 a**-4, **b**-3, **c**-1, **d**-5, **e**-2 **14 a** el probador, **b** la talla, **c** la llave, **d** el bigote, **e** amarillo.

UNIT 7

Latin American food las tortillas de maíz, los chiles

Vocabulary builder *Food*: soup, mixed salad; *Drinks*: white wine, coffee, tea, chocolate

Conversation **1** Lucía orders soup, Nicolás a mixed salad. **2 a**-3, **b**-5, **c**-4, **d**-6, **e**-2, **f**-1, **3 a** roast chicken, **b** red, **c** chocolate ice cream

Language discovery **1** ¿Qué desean tomar? **2** Queremos vino de la casa, **3** Preferimos tinto. **Ahora tú:** Queremos dos aguas (minerales) con gas; Ellas prefieren vino.

Practice **1 a** quieren, **b** prefiero, **c** prefieren, **d** queremos, **2 a** Por favor, ¿me trae un agua mineral sin gas? **b** ¿Nos trae la cuenta? **c** Un helado de chocolate para mí, **d** ¿Y para ti, Luis? **3 a** las, **b** la, **c** lo, **4 a** Quiero sopa de verduras de primero, **b** De segundo prefiero pescado al horno y una ensalada mixta, **c** Queremos vino de la casa, **d** Para mí, un flan.

Listen and understand **1** chicken soup, grilled meat, mashed potatoes, **2** house red and a sparkling mineral water (queremos / casa / blanco o tinto / blanco / un agua mineral / con / sin / con) **3 a** I, **b** F, **c** I, **d** F

Conversation **1** Charo and Tomás **2** un jugo de naranja, un café con leche, un sándwich de jamón, un sándwich de queso, un vaso de agua, un vaso de leche, **3 a** white coffee and a cheese sandwich, **b** mango juice, **c** an apple pie

Learn more ¿Qué van a …?, ¿Qué vas a …?

Practice **1 a** va, **b** van, **c** vas, **2 a** comer, **b** pastel, **c** tomar, **d** vaso, **e** quieres, **3 a** 3, **b** 2, **c** 4, **d** 1 **4** *Elisa*: an apple juice and a mango pie, *Ramón*: an orange juice, black coffee and a strawberry pie

Speaking Un jugo de manzana, un sándwich de pollo y un café con leche para mi amigo. /Para mí, un jugo de durazno, un (café) cortado y un pastel de chocolate.

Reading and writing **1 a** I'm hungry, **b** I'm thirsty, **c** Will you buy me …? **d** grocer's, **e** lettuce, **f** sparkling mineral water and a small orange juice, **g** a chicken sandwich with lettuce and tomato, **h** She's hungry and thirsty.

Go further **1 a**-6, **b**-5, **c**-1, **d**-2, **e**-4, **f**-3, **2** un cuarto, una lata, una botella

Test yourself **1 a** papas, **b** pescado, **c** tarta de fresa, **2 a**-3, **b**-4, **c**-1, **d**-2, **3** *Luisa*: a mango juice and a chicken and salad sandwich; *Roberto*: a sparkling mineral water.

UNIT 8

The working day two hours

Vocabulary builder *Daily routine*: I finish, I have breakfast, I have lunch; *Leisure time*: gym, tennis, cinema, television

Conversation **1** from 9.00 to 6.00, **2 a**-4, **b**-5, **c**-2, **d**-6, **e**-1, **f**-3, **3 a** 7.00 a.m., **b** He showers, has breakfast and leaves for the office, **c** Sometimes he plays tennis or goes to the gym or the cinema, **d** He has dinner, reads the newspaper, goes online or watches TV.

Language discovery **a** The use of **te** before the verb in the informal form, **b** The use of **me** before the verb in the **yo** form.

Practice **1 a**-4, **b**-3, **c**-1, **d**-2, **2 a** se, **b** te, **c** nos, **d** se, **e** me, **3 a** ¿A qué hora empieza a trabajar? **b** ¿A qué hora sale para la oficina? **c** ¿Cómo va al trabajo? **d** ¿Almuerza siempre en casa? **e** ¿A qué hora termina de trabajar? **4 a** Normalmente me levanto a las (time), **b** Salgo a las (time), **c** Generalmente almuerzo en (place), **d** Regreso a casa a las (time), **e** En casa (ceno, leo, me conecto a internet, veo la televisión, etc.).

Listen and understand **1** 8.30 Sale para la universidad, 1.00 Almuerza en la cafetería de la universidad, 5.00 Termina las clases, 6.00 Regresa a casa, 11.00 Se acuesta, **2 a** normalmente, **b** generalmente, **c** siempre, **d** normalmente, **e** a veces, **f** nunca, **3** me levanto / me ducho / me afeito / salgo / almuerzo / voy / tengo / juego / salgo / regreso

Conversation **1** They get up quite late, **2 a**-3, **b**-5, **c**-6, **d**-1, **e**-7, **f**-8, **g**-2, **h**-4, **3 a** F, **b** F, **c** F, **d** T

Language discovery **a** hago, **b** hacemos, **c** sale, **d** sale

Practice **1 b** hace, **c** lava, **d** sale, **e** duerme, **f** escucha, **2 a** … y desayunan tarde, **b** Salen …, **c** Regresan… y se duchan, **d** Hacen … y lavan …, **3 a** Pablo siempre juega al fútbol los sábados en la tarde, **b** Normalmente voy al trabajo a pie, **c** Nunca regresa a casa temprano, **4 a** Sale a tomar un café con una amiga. **b** con su hija, **c** Va a la iglesia.

Speaking a ¿A qué hora empiezas? **b** ¿A qué hora terminas? **c** ¿Trabajas los sábados? **d** ¿Qué haces los fines de semana?

Reading a a travel agency, **b** I do yoga, **c** I chat with my friends (on the internet), **d** Monday to Friday from 9.00 to 1.00 and from 3.00 to 7.00, **e** She walks. **f** at home **g** She has dinner, she gets online and chats with her friends.

Go further ¿A qué hora abren los bancos?, ¿A qué hora cierran?, ¿Están abiertas las tiendas?

Test yourself 1 a empiezo, termino, **b** me levanto, me ducho, tomo, **c** almorzamos, **d** se conecta, veo, **2 a** 9.30, **b** Rodolfo goes out jogging and his wife does yoga, **c** Rodolfo does the cooking and María the washing up, **d** They go to the cinema or have dinner with friends.

UNIT 9

Sports and entertainment football; TV, internet, theatre, dance

Vocabulary builder *Entertainment*: to watch TV, to go to the cinema, to watch films, to go to the theatre, to go to concerts, to go to discos, to listen to radio; *Sports*: football, baseball, tennis, cycling, jogging

Conversation 1 Mónica likes cinema. David likes sports, **2 a** Me levanté …, **b** Fui …, **c** …hiciste, **d** trabajé, **e** Desayuné …, **f** jugué, **3 a** She didn't go out. She got up late and studied English **b** He worked from home in the morning, and he had dinner with a friend. **c** He likes theatre, music and going to concerts, **d** She doesn't like it at all.

Language discovery a No salí, **b** Estudié inglés, **c** Comimos algo. **Ahora tú:** Estudié español; Comimos en casa; Salieron temprano. **Ahora tú:** ¿Qué hizo el domingo?; Fui a un concierto la semana pasada.

Language discovery Me gusta el cine, ¿Te gustan los deportes?

Practice 1 me levanté / me duché / me afeité / salí / almorcé / fui / tomé / hiciste, **2 a** Salió …, **b** Fue …, **c** Bailó y comió …, **d** Habló …, **e** Regresó …, **f** Se acostó …, **3 a** Me gustan mucho los deportes, **b** No me gusta el fútbol, **c** Me gusta el tenis, **d** No me gusta la música clásica, **e** Me gustan mucho los conciertos de rock, **f** Me gusta el cine, **4** Fui a un concierto con un/a amigo/a; Me gusta mucho.

Listen and understand 1 a … hasta las 8.00, **b** …un café con una amiga, **c** …a casa en el autobús, **d** … con mi hermana, **e** … a internet, **f** … a las doce, **2 a** F, **b** T, **c** F, **d** F, **e** T, **f** F, **3 a** le gusta, **b** le gusta mucho, **c** no le gusta nada, **d** no le gusta, **e** le gusta, **f** le gusta mucho.

Conversation **1 a** Yolanda was born in Bogotá, Colombia. Tomás was born in Buenos Aires. **2 a**-3, **b**-5, **c**-1, **d**-4, **e**-2, **3 a** T, **b** F, **c** T, **d** F.

Language discovery a Nací, **b** Mi esposo nació, **c** Terminé mis estudios, **d** Me casé.

Practice 1 ¿Cuándo es tu cumpleaños?, Es el 18 de octubre, ¿Cuándo naciste?, El 18 de octubre de 1981, ¿Dónde?, En Guadalajara, México, **2 a** nació, **b** fue, estudió, **c** terminó, **d** conoció, se casó, **3 a** ¿Cuándo es su cumpleaños? **b** ¿Cuándo nació? **c** ¿Dónde trabajó? **d** ¿Cuándo se casó? **4** *Ada*: 3 de junio de 1985, en México, *Luis*: 12 de noviembre de 1992, en Argentina

Speaking a Es el (date), **b** Nací el (date), **c** Nací en (place), **d** Fui al colegio/universidad en (year), **e** Terminé mis estudios en (year), **f** Trabajé en (place).

Reading a economics, **b** a company, **c** to continue, **d** in 1985, **e** economics, **f** He worked in a company for four years. **g** to continue his studies

Go further 1 a-4, **b**-5, **c**-1, **d**-2, **e**-3

Test yourself 1 a me levanté, desayuné, salí, **b** jugamos, vimos, **c** hiciste, **2 a** 12 December 1978, in Lima, Peru, **b** Argentina, **c** a Peruvian restaurant, **d** hotel receptionist

UNIT 10

Festivals and celebrations La Navidad *Christmas*, Semana Santa *Easter*, El Día de los Muertos *Day of the Dead/All Souls' Day*

Vocabulary builder *Celebrations*: an invitation, a party, a dinner, an anniversary, a celebration; *In the future*: tomorrow, next week, next month, next year

Conversation 1 Blanca, Joaquín, **2 a**-5, **b**-4, **c**-1, **d**-3, **e**-2, **3 a** It's his birthday, **b** Los Mayas, because it's cheaper and the food is better, **c** 9.00 o'clock at the door

Language discovery 1 ¿Qué vas a hacer? **2** Voy a llamar por teléfono. **Ahora tú**: va, voy. **Ahora tú**: La Ciudad de México es más grande que Buenos Aires, Este café es más pequeño, pero es mejor.

Practice 1 a va, **b** van, **c** vamos, **2 a** El avión es más rápido que el tren, **b** El Hotel Sol es más grande que el Hotel Luna, **c** El Hostal San Luis es más barato que el Hostal Buenavista, **d** El Café Torres es mejor que el Café Río, **e** Santiago de Chile es más pequeño que Buenos Aires, **3 a**-3, **b**-4, **c**-1, **d**-2, **4 a** sabe, **b** sé, conozco, **c** conocemos, sabemos, **5 a** Voy a …, **b** Voy a …, **c** Conozco …

Listen and understand 1 a C, **b** R, **c** C, **d** R, **e** R, **f** C, **2 a** T, **b** F, **c** F, **d** T, **3** mejor, caro, más cerca … que, más pequeño, más barato.

Conversation 1 Emilio accepts it, Mónica declines it. **2 a**-3, **b**-4, **c**-1, **d**-5, **e**-2, **3 a** Saturday, **b** in Leonor's flat at 9.00, **c** She's not well, she has a cold.

Language discovery Llamo para invitarte …

Practice 1 Hola, ¿está David? / Soy David. / Hola, soy Tito. Llamo para invitarte a almorzar. / Lo siento, pero no puedo. Estoy muy ocupado / ¡Qué lástima! **2 a** Te escribo para invitarte a mi casa. **b** Llamo para confirmar mi viaje a la Ciudad de México. **3 a** es, **b** está, **c** ser, **d** está, **4** He phones to invite her for dinner. She can't accept the invitation because her mother is not well. She has a cold and Soledad wants to be at home with her.

Speaking No, no tengo planes. ¿Por qué? / Encantada, gracias. ¿Adónde van a ir? / Los conozco. El Farol es más caro, pero la comida es mejor / Sí, me parece bien.

Reading a-2, **b**-3, **c**-1

Go further 1 a-2, **b**-6, **c**-5, **d**-1, **e**-4, **f**-3, **g** Lo siento, no puedo. Estoy muy ocupado, tengo que trabajar. ¿Otro día, quizás?

Test yourself 1 a-3, **b**-4, **c**-1, **d**-2, **2 a** Voy a, **b** va, **c** vas, **d** invitar, **3** He's been invited to a football game. He can't accept because it's his father's birthday and he's going to spend the day with him.

REVIEW 3 (UNITS 7–10)

1 a naranja, **b** chocolate, **c** vino, **d** blanco, **e** cortado, **f** queso, **g** papas fritas, **h** pan, **2** *Marta*: **a** a mixed salad, **b** roast chicken with chips, **c** a sparkling mineral water; *Luis*: **a** fish soup, **b** pork chops with rice, **c** a beer, **3** Quiero una sopa de verduras de primero. / De segundo quiero carne a la parrilla. / La prefiero con verduras al vapor. / Quiero vino tinto de la casa y un agua mineral con gas. / Quiero un helado de chocolate y un café. **4 a** se levanta, **b** me levanto, **c** desayunan, **d** tomamos, **e** almuerza, **f** te acuestas, **5 a** ¿A qué hora te levantas? **b** ¿A qué hora salen de casa?

c ¿Cómo vas al trabajo? **d** ¿Dónde almuerzan? **e** ¿A qué hora regresas a casa? **f** ¿A qué hora se acuestan? **6 a** voy, tomo, **b** veo, leo, me conecto, **c** hago, juego, **7 a** un pollo asado, **b** el noticiero, **c** salir de paseo, **8** ¿Están abiertos los bancos?, ¿A qué hora abren?, ¿A qué hora cierran?, ¿Está abierta la oficina de correos? **9 a**-6, **b**-4, **c**-1, **d**-5, **e**-2, **f**-3, **10 a** Se levantó ..., **b** Desayunó, **c** Salió ..., **d** Regresó ... **e** Fue ..., **f** Almorzó ..., **11** *Rebeca*: me levanté, me duché, me maquillé, me peiné, salí; *Antonio*: vi, me conecté, fui, **12 a** P, **b** F, **c** P, **d** P, **e** F, **f** P, **13 a** *Saturday a.m.*: go to the gym, *p.m.*: go to the cinema with a friend, *Sunday a.m.*: go to his parents' house, *p.m.*: play tennis, **14** Sí, me gustan mucho los deportes. / Me gusta el tenis, y también me gusta la natación. / No me gusta mucho el fútbol, **15 a** conozco, sé, **b** sabe, conoce.

Un viaje a Santiago de Chile

miércoles 20	jueves 21	viernes 22
3	2, 4	1, 5, 9
sábado 23	domingo 24	lunes 25
6, 8	10	7

Grammar summary

Unit 1

1 MASCULINE AND FEMININE

a In Spanish, all nouns are either masculine or feminine. Those ending in -o are usually masculine and those ending in -a feminine, but there are exceptions as well as other endings.

masc. **el libro** *book* **el día** *day* **el parque** *park*

fem. **la libra** *pound* **la mano** *hand* **la noche** *night*

b Nouns referring to males are masculine and those referring to females are feminine. For the feminine, change the -o ending into -a, or add -a to the final consonant. Some endings are both masculine and feminine.

el abogado/la abogada *lawyer* **el/la estudiante** *student*

el profesor/la profesora *teacher* **el/la artista** *artist*

c Words which go with a noun also have masculine and feminine forms.

masculine *feminine*

el día *the day* **la** mañana *the morning*

un idioma *a language* **una** lengua *a language*

este señor *this gentleman* **esta** señorita *this young lady*

2 SUBJECT PRONOUNS

yo *I* **nosotros** *we*

tú *you* (informal) **ellos, ellas** *they*

él, ella *he, she* **ustedes** *you* (formal and informal, plural)

usted *you* (formal)

Usted and **ustedes** are usually abbreviated **Ud., Uds. or Vd., Vds.** in writing.

3 SER *AND* ESTAR *(TO BE)*

Spanish has two verbs meaning *to be*. To say who you are, where you are from, what nationality you are, use **ser**: **Soy Carmen, soy de México, soy mexicana.** To ask someone how they are, use **estar**: **¿Cómo estás?**

yo	**soy**	**estoy**	*I am*
tú	**eres**	**estás**	*you are*
él, ella, usted	**es**	**está**	*he, she is, you are*
nosotros	**somos**	**estamos**	*we are*
ellos, ellas, ustedes	**son**	**están**	*they are, you are*

Unit 2

1 TENER *(TO HAVE) TO EXPRESS AGE*

Spanish uses **tener** to ask someone how old they are and to say someone's age:

¿Cuántos años tienes?	*How old are you?*
Tengo veintiocho años.	*I'm twenty-eight years old.*

Another way to ask someone's age is:

¿Qué edad tiene usted?	*What is your age?*

2 PLURALS

a the, a/an

The plural of *the* is **los** for masculine and **las** for feminine.

The plural of *a/an* is **unos** for masculine and **unas** for feminine. **Unos, unas** have the same meaning as *some or a few.*

los hijos *the children/sons*	**las hijas** *the daughters*
unos hombres *some men*	**unas noches** *a few nights*

b Nouns

Nouns ending in a vowel form the plural with **-s**. Nouns ending in a consonant take **-es**, and those ending in **-z** change **-z** to **-c** and add **-es**: **esposo/s** *husband/s*, **doctor/doctores** *doctor/s*, **una vez/tres veces** *once/three times.*

The masculine plural of some nouns may be used to refer to members of both sexes: **el tío** *uncle*, **los tíos** *aunts and uncles.*

3 ADJECTIVES

Words which give information about nouns are called *adjectives* and they must agree in number and gender with the noun they qualify. For the plural of adjectives follow the same rule as for nouns: **unos estudiantes ingleses** *some English students*, **unas muchachas guapas** *some good-looking girls*.

4 *MY, YOUR, HIS, HER*

Mi, tu, su, etc., agree in number with the word they qualify. The Spanish form of *our* changes for masculine and feminine.

mi	**mis**	*my*
tu	**tus**	*your*
su	**sus**	*his, her, your* (Ud.)
nuestro/a	**nuestros/as**	*our*
su	**sus**	*their, your* (Uds.)

mi hijo	*my son*	**mis hijos**	*my sons/children*
nuestra hija	*our daughter*	**nuestras hijas**	*our daughters*

Unit 3

1 *THIS/THESE* AND *THAT/THOSE*

To say *this, these, that, those* use the following:

masculine

este vestido *this dress*

estos zapatos *these shoes*

ese cinturón *that belt*

esos calcetines *those socks*

feminine

esta chaqueta *this jacket*

estas camisas *these shirts*

esa falda *that skirt*

esas blusas *those blouses*

Note that **este, ese**, etc., may be used without an accompanying noun, in which case they are translated as *this one, that one*, and may be written with an accent: **éste, ése**, etc.

2 MÁS + *ADJECTIVE*

To say *larger, shorter, more expensive*, etc. Spanish uses the word **más** followed by the adjective.

más grande	*bigger*	**más caro**	*more expensive*
más corto	*shorter*	**más cómodo**	*more comfortable*

3 NOUN + ADJECTIVE

Colours normally follow the word they describe, and they agree with it in number (singular, plural) and, with a few exceptions, gender (masculine, feminine). Note that colours which are names of things remain unchanged.

el vestido rojo the *red dress* **la falda café** the *brown skirt*

los zapatos blancos the *white shoes* **los calcetines negros** the *black socks*

Unit 4

1 TELLING TIME

a To ask and tell the time use the following:

¿Qué hora es?	*What time is it?*
Es la una.	*It's one o'clock.*
Es la una y cuarto.	*It's a quarter past one.*
Es la una y media.	*It's half past one.*
Son las cinco.	*It's five o'clock.*
Son las ocho y veinte.	*It's twenty past eight.*
Son las nueve menos cuarto.	*It's a quarter to nine.*
Son las diez menos diez.	*It's ten to ten.*

Some countries use phrases like **Son diez para las diez. Es un cuarto para las once**, instead of **Son las diez menos diez, Son las once menos cuarto.**

b To enquire about specific times and to respond use the following:

¿A qué hora sale?	*What time does it leave?*
Sale a la una y media.	*It leaves at half past one.*
Llega a las once y cuarto.	*It arrives at a quarter to eleven.*

c Official times are usually indicated with the 24-hour clock:

Sale a las quince treinta y cinco.	*It leaves at 3.35 p.m.*
Llega a las diecisiete veinte.	*It arrives at 5.20 p.m.*

2 A, DE, EN, PARA *IN TIME PHRASES AND DESTINATION*

A las diez de la mañana/noche.	*Ten o'clock in the morning/evening.*
En la mañana/tarde/noche.	*In the morning/afternoon/evening.*

Some countries use **a** or **por** instead of **en**: **A** la mañana, **por** la tarde, etc.

el avión para Uruguay	*the flight to Uruguay*
para el lunes 16	*for Monday 16th*

Note also the use of **de** and **a** in:

Sale de La Paz a las dos.	*It leaves La Paz at two.*
Llega a México a las diez.	*It arrives in Mexico at ten.*

3 SIMPLE PRESENT FOR SCHEDULED EVENTS

For scheduled events and travel plans, Spanish normally uses the simple present:

Viajo a Egipto.	*I'm travelling to Egypt.*
Salgo esta noche.	*I'm leaving tonight.*

The simple present is also often used with actions that take place at the moment of speaking:

Llamo para confirmar mi viaje.	*I'm calling to confirm my trip.*
¿Hablo con Pablo?	*Am I speaking with Pablo?*

Unit 5

1 PARA *AND* POR

Para and **por** have clearly defined uses, and you should by now be familiar with the following ones:

Para

a **To say when something is for:**

para el lunes 30 de mayo	*for Monday 30 May*

b **To express duration:**

para una semana	*for a week*

c **To say who something is for:**

para mí/ti	*for me/you*

d **To express destination:**

un boleto para Guanajuato	*a ticket for Guanajuato*

Por

a **Meaning** *per:*

mil pesos por día/noche   *a thousand pesos per day/night*

b **Meaning** *in:*

por la mañana/tarde   *in the morning/afternoon*

In this context, most Latin Americans use **en**: **en la mañana, en la noche**

2 USING **ESTAR** TO EXPRESS STATES OR CONDITIONS

To express the state or the condition of something, use **estar** + an adjective. Adjectives that are derived from a verb agree in gender and number with the noun they qualify. The endings of these adjectives are **-ado** for **-ar** verbs, **-ido** for **-er** and **-ir** verbs.

El hotel está completo.   *The hotel is full.*

Las habitaciones están reservadas.   *The rooms are booked.*

(from **reservar**)

El desayuno esta incluido. (from **incluir**)   *Breakfast is included.*

3 CUÁL + SER WHAT/WHICH

To ask a What question use **cuál** when the question word is followed by **ser** (*to be*):

¿Cuál es su apellido?   *What's your surname?*

¿Cuál es su celular?   *What's your mobile?*

Cuál is used like *which?* in English in questions that aim to identify one among several possibilities.

¿Cuál es su habitación?   *Which is your room?*

In questions seeking a definition use **qué** instead of **cuál**.

¿Qué es esto?   *What's this?*

Unit 6

1 GIVING DIRECTIONS

Spanish has two main verb forms for giving directions: the present tense and the imperative or command form. At this stage you only need to handle the present tense. But native speakers may well use the alternative form, which is very similar, so this should not prevent you from understanding the directions given to you.

Present tense (for **Ud.**)

Toma la primera calle...

Dobla/Gira a la izquierda.

Cruza la plaza.

Sigue de frente.

Imperative (for **Ud.**)

Tome la primera calle...

Doble/Gire a la izquierda.

Cruce la plaza.

Siga de frente.

Note that **seguir** (*to carry on*) changes **-e** into **-i**.

2 WORDS AND PHRASES FOR EXPRESSING LOCATION

To understand precise directions you need to be able to handle phrases like the following:

Están al lado del bar.	*They are next to the bar.*
Está frente a la iglesia.	*It is opposite the church.*
enfrente del hotel	*opposite the hotel*
al final de la calle	*at the end of the street*
cerca	*near*
lejos	*far*

3 *USING* A, EN, HASTA, POR *IN DIRECTIONS AND LOCATION*

a la derecha/izquierda	*on the right/left*
a cinco minutos de aquí	*five minutes from here*
a una cuadra del hotel	*one block from the hotel*
en la calle/avenida Perú	*on Peru street/avenue*
en la esquina	*at the corner*
hasta el semáforo	*as far as the traffic light*
por esta calle	*along this street*

Unit 7

1 QUERER *(TO WANT) AND* PREFERIR *(TO PREFER)*

Querer and **preferir** are verbs which undergo a vowel change in the simple present in all forms except **nosotros** (*we*).

yo	qu**ie**ro	pref**ie**ro
tú	qu**ie**res	pref**ie**res
él, ella, usted	qu**ie**re	pref**ie**re
nosotros	queremos	preferimos
ellos, ellas, ustedes	qu**ie**ren	pref**ie**ren

¿Qué quieren tomar?	*What would you like to drink?*
Queremos dos cafés con leche.	*We'd like two white coffees.*
Preferimos el menú del día.	*We'd prefer the set menu.*

2 PARA MÍ, PARA TI *FOR ME, FOR YOU*

To say *for me, for you* (informal), use **mí** and **ti**. For all other persons use the subject pronouns: **él, ella, usted**, etc.

Para mí un café con leche.	*A white coffee for me.*
¿Y para ti, Ana?	*And for you, Ana?*
Para él, una cerveza.	*For him, a beer.*

3 MAKING REQUESTS

In Spanish, as in English, there are several ways of making requests. A common way is to use **me** (*me*) or **nos** (*us*) followed by the simple present.

| **¿Me pasa el aceite y el vinagre?** | *Will you pass me the oil and vinegar?* |
| **Por favor, ¿nos trae mantequilla?** | *Will you bring us some butter, please?* |

Unit 8

1 VERBS ENDING IN -SE

Levantarse (*to get up*), **ducharse** (to shower), **acostarse** (*to go to bed*) and verbs ending in **-se,** require the use of a special set of words (called reflexive pronouns) to go with them.

Se is sometimes translated as *yourself*, as in **divertirse** (*to enjoy oneself*), but most of the time it is not translated at all in English.

There are many verbs of this kind in Spanish, among them **bañarse** (*to take a bath, to bathe*), **afeitarse** (*to shave*), **vestirse** (*to get dressed*), **arreglarse** (*to get oneself ready, to dress up*), **peinarse** (*to comb one's hair*), **maquillarse** (*to put on make up*), etc.

Se indicates that the action of the verb is done on *oneself* rather than on someone or something else, so without the **-se** the verb may acquire a different meaning, as in **lavarse** (*to wash oneself*), but **lavar** (*to wash something*).

The endings of these verbs are the same as for ordinary verbs. Here is an example:

yo	**me** duch**o**	*I shower*
tú	**te** duch**as**	*you shower*
él/ella/usted	**se** duch**a**	*he/she showers/you shower*
nosotros	**nos** duch**amos**	*we shower*
ellos/ellas/ustedes	**se** duch**an**	*they/you shower*

Luis se levanta temprano.	*Luis gets up early.*
Nosotros nos acostamos tarde.	*We go to bed late.*

2 VERBS WHICH UNDERGO A VOWEL CHANGE

You are already familiar with verbs which undergo a vowel change in all forms of the simple present except **nosotros**. The endings of these verbs are the same as for ordinary verbs.

e changes into **ie**	**empezar** (*to start*)	emp**ie**zo, emp**ie**zas ...
e changes into **i**	**vestirse** (*to get dressed*)	me v**i**sto, te v**i**stes ...
o changes into **ue**	**dormir** (*to sleep*)	d**ue**rmo, d**ue**rmes ...
u changes into **ue**	ju**gar** (*to play*)	j**ue**go, j**ue**gas ...

3 ¿QUIÉN?, ¿QUIÉNES? (WHO?)

To say *who?* use **quién** if you are enquiring after one person, and **quiénes** if more than one.

¿Quién cocina?	*Who cooks?*
¿Quiénes son?	*Who are they?*

Unit 9

1 THE SIMPLE PAST

The simple past is used for talking about past events which happened at a specific time in the past, whether at a single moment or over a prolonged period.

To form the simple past, remove the **-ar**, **-er**, **-ir** ending and add the following ones, the same ones for **-er** and **-ir** verbs.

	trabajar	*comer*	*vivir*
yo	trabaj**é**	com**í**	viv**í**
tú	trabaj**aste**	com**iste**	viv**iste**
él/ella/usted	trabaj**ó**	com**ió**	viv**ió**
nosotros	trabaj**amos**	com**imos**	viv**imos**
ellos/ellas/ustedes	trabaj**aron**	com**ieron**	viv**ieron**

Trabajé dos años en Manchester.	*I worked in Manchester for two years.*
Ayer comimos en casa.	*Yesterday we ate at home.*
Vivió aquí en 1987.	*He/She lived here in 1987.*

2 IRREGULAR VERBS

A number of verbs form the simple past in an irregular way. Among these are **hacer** (*to do, make*) and **ir** (*to go, to be*).

	hacer	*ir*
yo	**hice**	**fui**
tú	**hiciste**	**fuiste**
él/ella/usted	**hizo**	**fue**
nosotros	**hicimos**	**fuimos**
ellos/ellas/ustedes	**hicieron**	**fueron**

Note that in the simple past **ir** and **ser** have identical forms: **fui** *I went, I was:*

¿Qué hiciste el sábado? *What did you do on Saturday?*

Fuimos al cine. *We went to the cinema.*

Fueron buenos amigos. *They were good friends.*

3 TIME WORDS AND PHRASES ASSOCIATED WITH THE PAST

To talk about the past use words and phrases like the following:

ayer	*yesterday*
anteayer/antes de ayer	*the day before yesterday*
anoche	*last night*
el lunes pasado	*last Monday*
la semana pasada	*last week*
el año pasado	*last year*
en 1995	*in 1995*
el 4 de enero de 2012	*on 4 January 2012*

Unit 10

1 SAYING WHAT YOU ARE GOING TO DO

To say what you are going to do use the simple present of **ir + a +** the dictionary form of the verb (**trabajar**, **comer**, **salir**).

yo	**voy**		
tú	**vas**		trabajar
él/ella/usted	**va**	**a**	comer
nosotros	**vamos**		salir
ellos/ellas/ustedes	**van**		

¿Qué vas a hacer mañana?	*What are you going to do tomorrow?*
Voy a trabajar.	*I'm going to work.*
Vamos a comer en casa.	*We're going to eat at home.*
Van a salir.	*They're going out.*

2 MAKING COMPARISONS

a To say something is *cheaper, more expensive,* etc., than something else use **más ... que**. The comparative form for **bueno** (*good*) is **mejor** (*better*).

El Hotel Cortés es más caro que este. *The Hotel Cortés is more expensive than this one.*

La comida es mejor que aquí. *The food is better than here.*

b To say *the smallest, the most interesting*, etc., use **el, la, los,** or **las,** followed by **más** and the adjective. *The best* is **el/la mejor, los/las mejores.**

Es la ciudad más interesante. *It's the most interesting city.*

Son los mejores. *They're the best.*

3 SABER *AND* CONOCER *TO KNOW*

To express knowledge of a fact, use **saber**. To indicate acquaintance with something, a person or a place, use **conocer**.

In the simple present the **yo** form is irregular for both verbs: **yo sé, yo conozco.**

¿Sabe usted dónde está el parque? *Do you know where the park is?*

No sé. No conozco la ciudad. *I don't know. I don't know the city.*

IRREGULAR AND VOWEL-CHANGING VERBS

a Irregular forms covered in this course
  ▶ **estar** *to be*
    simple present: **estoy, estás, está, estamos, están**
  ▶ **hacer** *to do, make*
    simple present: **(yo) hago**
    simple past: **hice, hiciste, hizo, hicimos, hicieron**
  ▶ **ir** *to go*
    simple present: **voy, vas, va, vamos, van**
    simple past: **fui, fuiste, fue, fuimos, fueron**
  ▶ **saber** *to know*
    simple present: **(yo) sé**
  ▶ **salir** *to go out, leave*
    simple present: **(yo) salgo**
  ▶ **ser** *to be*
    simple present: **soy, eres, es, somos, son**
    simple past: **fui, fuiste, fue, fuimos, fueron**
  ▶ **tener** *to have*
    simple present: **(yo) tengo**

- ▶ **venir** *to come*
  simple present: **(yo) vengo**
- ▶ **ver** *to watch, see*
  simple present: **(yo) veo**

b **Some vowel changing verbs**
- ▶ **e** into **ie**: **empezar** (*to start*), **entender** (*to understand*), **preferir** (*to prefer*), **querer** (*to want*), **sentir** (*to feel sorry*), **tener** (*to have*)
  Example: **empiezo, empiezas, empieza, empiezan**
- ▶ **o** into **ue**: **costar** (*to cost*), **dormir** (*to sleep*), **poder** (*may, can*)
  Example: **puedo, puedes, puede, pueden**
- ▶ **e** into **i**: **decir** (*to say*), **seguir** (*to go on*), **vestirse** (*to get dressed*)
  Example: **me visto, te vistes, se viste, se visten**
- ▶ **u** into **ue**: **jugar** (*to play*)
  Example: **juego, juegas, juega, juegan**

Spanish–English vocabulary

Latin American terms

This brief glossary is intended as a reference of Latin American usage for a few of the vocabulary themes covered in this book.

There is no need for you to learn additional vocabulary beyond what is covered in the units because all native speakers of Spanish understand those words. Think of it as the difference between British and American English. Latin American Spanish is like that, but with 19 countries providing local flavour!

Where possible, the words listed include the country or region where they are more likely to be heard, but no such indication is given when words are used broadly across the continent. The *Southern Cone* is the south of South America: an area which includes Argentina, Chile, Paraguay and Uruguay.

Key

Arg	Argentina
Bol	Bolivia
Col	Colombia
Mex	Mexico
Carib	Caribbean
Central Am	Central America
South Am	South America
m	masculine
f	feminine

TRANSPORT AND TRAVEL

coach	**autobús (m)** **bus (m)** **camión (m) (Mex and Central Am)**
city bus	**pesero (m) (Mex)** **colectivo (Arg)** **micro (m) (Arg)** **micro (f) (Chile)** **guagua (f) (Carib)**
underground	**metro (m)** **subte (m) (Arg)**
car	**carro (m)** **coche (m)** **auto (m) (esp Southern Cone)**
ticket	**boleto (m)** **pasaje (m) (esp plane)**
return ticket	**boleto/pasaje de ida y vuelta (m)** **boleto redondo (m) (Mex)**

ACCOMMODATION

reservation	**reservación (f)** **reserva (f)**
flat	**departamento (m)** **apartamento (m)**
shower	**ducha (f)** **regadera (f) (Mex)**
swimming pool	**piscina (f)** **alberca (f)** **pileta (f) (Arg)**
ticket	**boleto (m)** **pasaje (m) (esp plane)**
return ticket	**boleto/pasaje de ida y vuelta (m)** **boleto redondo (m) (Mex)**

CLOTHES

jacket	**chaqueta (f)** **saco (m)** **chamarra (f)**
pullover	**suéter (m)** **pulóver (m)** **chomba (f) (Chile)** **chompa (f) (Perú, Bol)**

DIRECTIONS

to go straight on	**seguir (todo) derecho** **seguir (todo) recto** **seguir de frente**

to turn	doblar
	girar
	voltear

DESCRIBING PEOPLE

blond/fair	rubio/a
	güero/a (Mex)
	catire (Carib)
	mono/a (Col)
dark (complexion)	moreno/a
	morocho/a (esp Arg)
	prieto/a (esp Mex)

RESTAURANTS, FOOD AND DRINKS

waiter, waitress	mesero/a
	camarero/a
	mozo (m), señorita (f) (esp Southern Cone)
	mesonero/a (Carib)
set menu	menú (del día) (m)
	comida corrida (Mex)
to have breakfast	desayunar
	tomar desayuno
lunch	almuerzo (m)
	comida (f)
to have lunch	almorzar
	comer
dinner	cena (f)
	comida (f)
to have dinner	cenar
	comer
pork	carne (f) de cerdo
	carne de puerco
	carne de chancho
beef	bife
	carne (f) de res
	carne de vaca
chilli	chile (m)
	ají (m) (Southern Cone)
strawberry	fresa (f)
	frutilla (f) (South Am)
avocado	aguacate (m)
	palta (f) (Southern Cone)
to drink	tomar
	beber
black coffee	(café) americano
	café (solo) (m)
	tinto (m) (Col)

Spanish–English vocabulary

Key

adj	adjective	n	noun
adv	adverb	obj pron	object pronoun
f	feminine	pl	plural
m	masculine	v	verb

a *to, at*
abierto/a *open*
abogado/a *lawyer*
abrazo (m); un ~ *a hug; best wishes (letter)*
abrigo (m) *coat*
abril *April*
abrir *to open*
abuelo/a *grandfather/grandmother*
acceso (m) *access*
acostarse (o into ue) *to go to bed*
actor (m)/actriz (f) *actor*
adiós *goodbye*
adónde *where to*
afeitarse *to shave*
agencia de viajes (f) *travel agency*
agosto *August*
agua mineral (f) *mineral water*
ahora *now*
aire acondicionado (m) *air conditioning*
al (a + el) *to the*
alemán (m) *German (language)*
alemán/alemana *German*
algo *something*
alimento (m) *food*
allá *there*
almacén (m) *grocer's*
almorzar (o into ue) *to have lunch*
almuerzo (m) *lunch*
aló *hello (on the phone)*
alojamiento (m) *accommodation*
alto/a *tall*
ama de casa (f) *housewife*

amarillo/a *yellow*
amigo/amiga *friend (male/female)*
aniversario (m) *anniversary*
Año Nuevo (m) *New Year*
año(m) *year*
anteayer *the day before yesterday*
anteojos (m, pl) *glasses*
antes *before (that)*
antes de ayer *the day before yesterday*
apartamento (m) *apartment*
apellido (m) *surname*
aperitivo (m) *aperitif*
aquí *here*
argentino/a *Argentinian*
arquitecto/a *architect*
arreglarse *to dress up*
arroz (m) *rice*
arte precolombino (m) *pre-Columbian art*
artesanía (f) *handicrafts*
artículo (m) *article*
artista (m/f) *artist*
asado/a *roast/roasted*
atentamente *yours sincerely (letter)*
atún (m) *tuna*
aún *still (adv)*
auto (m) *car*
autobús (m) *bus*
avenida (f) *avenue*
avión (m) *airplane*
ayer *yesterday*
aztecas (m) *Aztecs*

azúcar (m or f) *sugar*
azul *blue*
bailar *to dance*
baile (m) *dance*
bajo/a *short*
baloncesto (m) *basketball*
bañarse *to take a bath, to have a swim*
banco (m) *bank*
baño (m) *bathroom*
bar (m) *bar*
barato/a *cheap*
barba (f) *beard*
barbacoa (f) *barbecue*
barra de pan (f) *loaf of bread*
bastante *quite*
béisbol (m) *baseball*
bien *well*
bife (m) *beef*
bigote (m) *moustache*
billetera (f) *wallet*
blanco/a *white*
blusa (f) *blouse*
boleto (m) *ticket*
boliviano/a *Bolivian*
bolsa (f) *bag*
botas (f) *boots*
botella (f) *bottle*
británico/a *British*
buenas noches *good evening/night*
buenas tardes *good afternoon/evening*
bueno *well then (conversation)*
bueno/a *good*
buenos días *good morning*
bufanda (f) *scarf*
bus (m) *bus*
caballero (m) *gentleman*
café *brown*
café (m) *coffee*
café con leche (m) *white coffee*
cafetería (f) *cafeteria*
caja de seguridad (f) *safe-deposit box*
cajero automático (m) *cash machine*
calcetines (m) *socks*
calefacción (f) *heating*

calle (f) *street*
camión (m) *bus (Mex)*
camisa (f) *shirt*
camiseta (f) *T-shirt*
campo (m) *countryside*
cansado/a *tired*
capital (f) *capital (city)*
carnaval (m) *carnival*
carne (f) *meat*
caro/a *expensive*
carro (m) *car*
casa (f) *house*
casa de cambio (m) *bureau de change*
casado/a *married*
casarse *to get married*
castaño *brown (hair)*
castellano (m) *Spanish (language)*
catedral (f) *cathedral*
celebración (f) *celebration*
celebrar *to celebrate*
celular (m) *mobile phone*
cena (f) *dinner*
cenar *to have dinner*
centro (m) *centre*
centro comercial (m) *shopping centre*
centro histórico (m) *historic city centre*
Centroamérica *Central America*
cerámica (f) *ceramics*
cerca *near*
cerrado/a *closed*
cerrar (e into ie) *to close*
cerro (m) *hill*
cerveza (f) *beer*
ceviche (m) *marinated raw fish*
chaqueta (f) *jacket*
chatear *to chat (internet)*
cheque (m) *cheque*
chile (m) *chilli*
Chile (m) *Chile*
chileno/a *Chilean*
chocolate (m) *chocolate*
chuleta de cerdo (f) *pork chop*
ciclismo (m) *cycling*
cigarro (m) *cigarrette*

cine (m) cinema
cinturón (m) belt
Ciudad de México (f) Mexico City
claro certainly
clase (f) class
cómo how
cocina (f) cuisine
cocinar to cook
colegio (m) school
collar (m) necklace
colombiano/a Colombian
color (m) colour
comer to eat
comida (f) food
cómodo/a comfortable
compañero/a de trabajo colleague
completo/a full
comprar to buy
compras: hacer las ~ to do the shopping
compromiso (m) engagement
con with
concierto (m) concert
conectarse a internet to get online
conferencia (f) conference
confirmar to confirm
congrio (m) conger eel
conocer to know, meet
contento/a happy
continuar to continue
copa (f) drink, a glass of...
corbata (f) tie
correo electrónico (m) email
correr to run
cortado (m) coffee with a dash of milk
corto/a short
corvina (f) sea bass
cruzar to cross
cuadra (f) city block
cuál what, which
cuándo when
cuánto how much
cuántos how many
cuarto (m) quarter
cuarto/a fourth

cubano/a Cuban
cuenta (f) bill
cuero (m) leather
cumpleaños (m) birthday
de of, from, in
de nada you're welcome
décimo/a tenth
decir (e into i) to say, tell
decorativo/a decorative
del (de + el) of the
delgado/a slim
demasiado too, too much
departamento (m) flat
deporte (m) sport
derecha (f) right
derecho straight on
derecho (m) Law
desayunar to have breakfast
desayuno (m) breakfast
descuento (m) discount
desear to wish, like
despacio slowly
después after, afterwards
día (m) day
Día de los Muertos (m) Day of the Dead
diario (m) newspaper
diario/a daily (adj)
diciembre december
dinero (m) money
dirección (f) address
discoteca (f) disco
diseñador/a designer
distancia (f) distance
doblar to turn
doble double
docena (f) dozen
doctor/a doctor
dólar (m) dollar
domingo (m) Sunday
dónde where
dormir la siesta to have a nap
ducharse to shower
durazno (m) peach
economía (f) Economics, economy

edificio (m) *building*
efectivo (m) *cash*
él *he*
el (m) *the*
elegante *elegant*
ella *she*
ellos/ellas *they*
empezar (e into ie) *to start, begin*
empleado/a *clerk, employee*
empresa (f) *company*
en *in, on, at*
encantado/a *pleased to meet you*
encantado/a *delighted*
enero *January*
enfermero/a *nurse*
enfermo/a: estar ~ *ill: to be ~*
enfrente de *opposite*
ensalada (f) *salad*
ensalada de frutas (f) *fruit salad*
entrada (f) *starter*
Escocia *Scotland*
escribir *to write, spell*
escultura (f) *sculpture*
ese/a *that*
eso: a eso de *about (time)*
esos/as *those*
español (m) *Spanish (language)*
especial *special*
especialidad (f) *speciality*
espectacular *spectacular*
esposo/a *husband/wife*
esquí (m) *skiing*
esquina (f) *corner*
esta (f) *this*
estación (f) *station*
Estados Unidos *United States*
estar *to be*
este (m) *this*
estimado/a *dear (in a letter)*
estrella (f) *star*
estudiante (m/f) *student*
estudiar *to study*
estudios (m) *studies*
euro (m) *euro*

Europa *Europe*
excelente *excellent*
excursión (f) *excursion*
extensión (f) *extension*
falda (f) *skirt*
familia (f) *family*
fantástico/a *fantastic*
farmacia (f) *chemist's*
febrero *February*
fecha (f) *date*
fiesta (f) *festival*
fin de semana (m) *weekend*
final: al ~ de *at the end of*
firmar *to sign*
flan (m) *crème caramel*
foto(grafía) (f) *photo(graph)*
francés (m) *French (language)*
francés/francesa *French*
frente a *in front of, opposite*
frente: sigue de ~ *go straight on*
fresa (f) *strawberry*
fruta (f) *fruit*
funcionar *to work*
funicular (m) *funicular*
fútbol (m) *football*
futuro (m) *future*
Gales *Wales*
gamba (f) *prawn*
gas: (agua) sin/con ~ *still/sparkling water*
gaseosa (f) *fizzy drink*
gasolinera (f) *petrol station*
generalmente *usually*
gente (f) *people*
gimnasio (m) *gym*
girar *to turn*
gracias *thank you*
graduación (f) *graduation*
grande *large*
gris *grey*
guantes (m) *gloves*
guapo/a *good-looking*
gustar *to like*
habitación (f) *room*
hablar *to speak*

hacer *to do, make*
hamaca (f) *hammock*
hambre: tener ~ *to be hungry*
hasta *until, as far as*
hasta luego *goodbye, see you later*
hasta mañana *until/see you tomorrow*
hay *there is/are*
helado (m) *ice cream*
hermano/a *brother/sister*
hermanos *brothers and sisters, brothers*
hierba: té o agua de ~ *herbal tea*
hijo/a *son/daughter*
hijos (m) *children, sons*
Hispanoamérica *Spanish America*
historia (f) *history*
histórico/a *historical*
hola *hello*
hombre *man*
hora (f) *time, hour*
horario (m) *schedule*
horario de trabajo (m) *working hours*
horno: al ~ *baked*
hospital (m) *hospital*
hostal (m) *hostel*
hotel (m) *hotel*
huevo (m) *egg*
ida (f) *single (ticket)*
ida y vuelta (f) *return (ticket)*
idioma (m) *language*
iglesia (f) *church*
importante *important*
imposible *impossible*
incluido/a *included*
incluir *to include*
Independencia (f) *Independence Day*
individual *single (room)*
ingeniería (f) *engineering*
inglés (m) *English (language)*
inglés/inglesa *English*
ingrediente (m) *ingredient*
instituto de idiomas (m) *language school*
interesante; ¡qué ~! *interesting; how interesting!*

internacional *international*
invitación (m) *invitation*
ir *to go*
Irlanda *Ireland*
irlandés/irlandesa *Irish*
izquierda (f) *left*
jamón (m) *ham*
jarra (f) *pitcher*
jogging (m) *jogging*
joven *young*
jueves (m) *Thursday*
jugo (m) *juice*
jugo de naranja (m) *orange juice*
julio *July*
junio *June*
kilómetro (m) *kilometre*
la (f) *the*
la (f) *it (obj pron)*
lado: al ~ de *next to*
lana (f) *wool*
largo/a *long*
las (f) *the (plural)*
lástima: ¡qué ~! *what a pity!*
lata (f) *tin*
Latinoamérica *Latin America*
lavandería (f) *laundry service*
lavar *to wash*
lavar los platos *to do the washing up*
lavarse *to wash oneself*
le *you, to you*
leche (f) *milk*
lechuga (f) *lettuce*
leer *to read*
lejos *far*
lengua (f) *language*
lentes (m, pl) *glasses*
levantarse *to get up*
libra (esterlina) (f) *pound (sterling)*
libre *free, available*
libro (m) *book*
limpieza (f) *cleaning*
línea (f) *line*
liso/a (m/f) *straight*
llamar *to call*

llamar por teléfono   to telephone
llamarse   to be called
llave (f)   key
llegada (f)   arrival
llegar   to arrive
llegar   to get
llevar   to take
llevar   to contain
lo (m)   it (obj pron)
los (m)   the (plural)
lunes (m)   Monday
madera (f)   wood
madre (f)   mother
maíz (m)   corn
maleta (f)   suitcase
mamá   mum
mañana (f)   morning
mañana (adv)   tomorrow
mano (f)   hand
mantequilla (f)   butter
manzana (f)   apple
maquillarse   to put on make-up
mariscos (m)   seafood
marrón   brown
martes (m)   Tuesday
marzo   March
más   more, else
más ... que   more ... than
mayo   May
me   me, myself
mecánico (m)   mechanic
media (f)   half
media pensión (f)   half board
medianoche (f)   midnight
médico/a   doctor
mediodía (m)   midday
mejor   better
mercado (m)   market
merluza (f)   hake
mesa (f)   table
mesero/a   waiter/waitress
metro (m)   underground
mi   my
mí   me

micro (m)   bus
miércoles (m)   Wednesday
minuto (m)   minute
mira   look
mixto/a   mixed
momento (m)   moment
moreno/a   dark
muchacho/a   boy, girl
mucho gusto   how do you do?
mujer   woman
museo (m)   museum
música (f)   music
música clásica (f)   classical music
muy   very
nacer   to be born
nada; de ~   nothing; you're welcome
natación (f)   swimming
Navidad (f)   Christmas
necesitar   to need
negro/a   black
no   no, not
no hay de qué   you're welcome
noche (f)   night
nombre (m); a ~ de   name; in the ~ of
normalmente   normally
norteamericano/a   American
noticiero (m)   newscast
novela (f)   novel
noveno/a   nineth
noviembre   November
novio/novia   boyfriend/girlfriend
nuestro/a   our
número (m)   number
número de teléfono (m)   telephone
number
nunca   never
o   or
octavo/a   eighth
octubre   October
ocupado/a   taken, engaged, busy
oficina (f)   office
oficina de correos (f)   post office
oficina de turismo (f)   tourist office
oficina pública (f)   government office

ojo (m) *eye*
ómnibus (m) *bus*
otro/a *another one, other*
padre *father*
padres (m, pl) *parents*
pagar *to pay*
país (m) *country*
panorama (m) *panorama, view*
pantalón/ pantalones (m) *trousers*
papá *dad*
papa (f) *potato*
papás (m) *parents*
papas fritas (f) *chips, crisps*
papel higiénico (m) *toilet paper*
para *for*
parecer *to seem*
parque (m) *park*
parrilla: a la ~ *grilled*
pasado mañana *the day after tomorrow*
pasado/a *last*
pasaje (m) *ticket, fare*
pasaporte (m) *passport*
pasar *to pass, to hand*
pasar *to spend (time)*
paseo: salir de ~ *to go for a walk/ride*
pasta (f) *pasta*
pastel (m) *cake*
pastel de jaiba (m) *crab pie*
peinarse *to comb one's hair*
película (f) *film*
pelirrojo/a (m/f) *red-haired*
pelo (m) *hair*
pensión (f) *boarding house, board*
pensión completa (f) *full board*
pequeño/a *small*
perfumería (f) *perfumery, perfume shop*
periodista (m/f) *journalist*
pero *but*
peruano/a *Peruvian*
pescado (m) *fish*
peso (m) *peso (currency)*
picante *spicy*
pie: a ~ *on foot*

piscina (f) *swimming pool*
pisco sour (m) *a cocktail of fortified wine, lemon and sugar*
piso (m) *floor*
planes (m) *plans*
plata (f) *money (colloquial)*
plata (f) *silver*
plato (m) *plate*
plato (m) *dish*
plato principal (m) *main course*
playa (f) *beach*
plaza (f) *square*
poco *little, some*
poder (o into ue) *can, may, be able to*
policía (m/f) *policeman/policewoman*
pollo (m) *chicken*
poncho (m) *poncho*
por *for, per, in*
por aquí *nearby, around here*
por ciento *per cent*
por favor *please*
por qué *why*
porque *because*
postre (m) *dessert*
precio (m) *price*
preferir (e into ie) *to prefer*
preguntar *to ask*
preparar *to prepare*
primero (m) *first course*
primero/a *first*
privado/a *private*
probador (m) *fitting-room*
probarse *to try on*
profesor/a *teacher*
pronto: hasta ~ *soon: see you soon*
pronunciar *to pronounce*
próximo/a *next*
puerta (f) *door*
puertorriqueño/a *Puerto Rican*
punto: en ~ *sharp (time)*
puré de papas (m) *mashed potatoes*
qué *what*
¿qué tal? *how are you? (informal)*
quedar *to fit*

quedarse *to stay*
querer (e into ie) *to want*
queso (m) *cheese*
quién *who*
quinto/a *fifth*
quisiera *I'd like*
quizás *perhaps*
radio (m or f) *radio*
rápido/a *fast*
recepcionista (m/f) *receptionist*
recto: todo ~ *straight on, ahead*
regateo (m) *bargaining*
regresar *to come back*
repetir *to repeat*
reserva (f) *reservation*
reservación (f) *reservation*
reservar *to book, reserve*
resfriado/a: estar ~ *to have a cold*
restaurante (m) *restaurant*
revista (f) *magazine*
rizado/a *curly*
rojo/a *red*
ropa (f) *clothes*
rosado/a *pink*
rubio/a *blond*
rutina (f) *routine*
sábado (m) *Saturday*
saber *to know*
sal (f) *salt*
salida (f) *departure*
salir *to leave*
salmón (m) *salmon*
saludos (m) *regards*
sándwich (m) *sandwich*
sé: no ~ *I don't know*
secretario/a *secretary*
sed: tener ~ *to be thirsty*
seguir (e into i) *to go on*
segundo (m) *second course*
segundo/a *second*
semáforo (m) *traffic light*
semana (f) *week*
Semana Santa (f) *Easter*
señor *Mr, sir, gentleman*

señora *Mrs, madam, lady*
señorita *Miss, young lady*
sentirse (e into ie) *to feel*
septiembre *September*
séptimo/a *seventh*
ser *to be*
servicio (m) *service, toilet*
servicio de urgencia (m) *emergency service*
sexto/a *sixth*
siento: lo ~ *I'm sorry*
significar *to mean*
sin *without*
sitio web *web site*
situado/a *situated*
sol (m) *sun*
sólo *only*
soltero/a *single*
sombrero (m) *hat*
sopa (f) *soup*
sorpresa (f) *surprise*
su *his, her, your, their*
subte (m) *underground (Arg)*
Sudamérica *South America*
suéter (m) *sweater*
supermercado (m) *supermarket*
tabaco (m) *tobacco*
talla (f) *size (clothes)*
también *also, too*
tarde *late*
tarde (f) *afternoon*
tarjeta de crédito (f) *credit card*
tarta (f) *pie*
tarta de manzana (f) *apple pie*
té (m) *tea*
teatro (m) *theatre*
teléfono (m) *telephone*
teleserie (f) *soap opera*
televisión por cable (f) *cable tv*
temprano *early*
tener *to have*
tenis (m) *tennis*
tercero/a *third*
terminal (f) *terminal*

terminar *to finish*
tiempo libre (m) *leisure time*
tienda (f) *shop*
tinto *red (wine)*
tío/a *uncle/aunt*
tíos (m) *uncles and aunts*
tipo (m) *type*
toalla (f) *towel*
todos/as *all*
tomar *to take, to drink*
tomate (m) *tomato*
tortilla de maíz (f) *corn pancake*
trabajar *to work*
trabajo (m) *work*
traer *to bring*
tráfico (m) *traffic*
transporte (m) *transport*
tren (m) *train*
tu *your (informal)*
tú *you (informal)*
último precio (m) *bottom price*
un/a *a, an*
universidad (f) *university*
unos/as *some*
usted *you (formal)*
ustedes *you (plural)*
vacaciones (f) *holidays*
vaina (f) *a cocktail of brandy, egg yolk, and sugar*

vamos *let's go*
vapor: al ~ *steamed*
vaso (m) *glass*
veces: a ~ *sometimes*
vegetariano/a *vegetarian*
vender *to sell*
venezolano/a *Venezuelan*
venir (e into ie) *to come*
ver *to see*
verde *green*
verdura (f) *vegetable*
vestido (m) *dress*
vestirse (e into i) *to get dressed*
vez: una vez, dos veces *once, twice*
viajar *to travel*
viaje (m) *travel*
viernes (m) *Friday*
vino (m) *wine*
vino de la casa (m) *house wine*
visitar *to visit*
vivir *to live*
vuelo (m) *flight*
vuelta (f) *return*
y *and*
yo *I*
zapatería (f) *footwear, shoe shop*
zapatillas (f) *trainers*
zapato (m) *shoe*

Credits

10+20=30+30=60

10
20
(30)
60

} 1.20

1.20

2.40

4.80

9.60

19.20

38.40

10   10
12   20   } 1.50
      40
      80

      1.60